Estrategias
Bíblicas
para la
Destrucción
del Reino
de Satanás

Estrategias Bíblicas para la destrucción del reino de Satanás
por Frank Marzullo ©2001 todos los derechos de esta edición en
español reservados por Asociación Editorial Buena Semilla.

Traducción: Sally de Arias
Corrección de estilo: Sonia González
Diseño de portada: Oswaldo Lara

Publicado y Distribuido por
Editorial Desafío
Cra. 28ª No.64ª- 34
Bogotá, Colombia
Tel.(571)6300100
Email:desafio@editorialbuenasemilla.com
vvww.editorialdesafio.com

Categoría:Liberación/ Vida Cristiana
ISBN 978-958-737-028-7
Producto No. 496900

Impreso en Colombia
Printed in Colombia

Estrategias Bíblicas para la Destrucción del Reino de Satanás

Frank Marzullo

Editorial Desafío

Contenido

Contenido

Prefacio

"¡Ay de los moradores de la tierra y del mar! porque el diablo ha descendido a vosotros con gran ira, sabiendo que tiene poco tiempo," Ap. 12:12. El fin del tiempo se acerca, y el diablo sabe que tiene poco tiempo para lograr sus objetivos malignos. ¡Está furioso! Por lo tanto, la guerra del cristiano nunca ha sido tan crítica como ahora. El vencer física y espiritualmente depende de nuestro pelear "la buena batalla de la fe".

El buen soldado recibe las armas necesarias y el entrenamiento para usarlas en la batalla. Conoce las tácticas del enemigo y cómo vencerle. Cada uno de nosotros, enfrenta una continua batalla para vencer cada tentación, cada engaño, y cada acusación enviada en contra nuestra. Nuestro "Manual de Guerra", la Biblia, es la guía para guerrear victoriosamente.

En confrontaciones con el enemigo, es de mucha ayuda el tener un "viejo soldado" a nuestro lado, que pueda compartir sus conocimientos estratégicos con nosotros. Durante muchos años, he estado al lado de Frank Marazullo en muchas batallas espirituales. Muchas, muchas veces, he observado su unción al guiar a otros a la victoria sobre el diablo, usando las mismas verdades contenidas en este libro. El lector sentirá la fortaleza de un soldado experimentado a su lado, al leer *Estrategias Bílicas para la destrucción del reino del reino de satanas*.

Frank Hammond

Capítulo 1

A pelear la batalla espiritual

"Cuando Jehová tu Dios te haya introducido en la tierra en la cual entrarás para tomarla, y haya echado de delante de ti a muchas naciones, al heteo, al gergeseo, al amorreo, al cananeo, al ferezeo, al heveo y al jebuseo, siete naciones mayores y más poderosas que tú, y Jehová tu Dios las haya entregado delante de ti, y las hayas derrotado, las destruirás del todo; no harás con ellas alianza, ni tendrás de ellas misericordia".

Deuteronomio 7:1-2

He oído algunas personas enseñar equivocadamente que la tierra prometida es una figura del cielo. Dichos maestros creen que la escena de los israelitas al cruzar el río Jordán es comparable al viaje que emprende el cristiano hacia el cielo, al morir. Pero en realidad, estos dos eventos no son semejantes, porque cuando lleguemos al cielo, no habrá enemigos allí contra quienes pelear.

Lo que Canaán representa no es el entrar del cristiano al cielo, sino la entrada del cristiano a la batalla de esta vida. Dios dio instrucciones a los israelitas antes de cruzar el río, de destruir a todos los enemigos que habitaban allí; y les advirtió que si dejaban algunos con vida, serían como espinas en sus costados y aguijones a sus ojos.

Entramos en la tierra de Canaán, no al morir, sino cuando nacemos de nuevo. Como cristianos, tenemos enemigos que quieren destruirnos. Desafortunadamente, la mayoría de los creyentes no progresan más allá del nuevo nacimiento para recibir el bautismo en el Espíritu Santo. Como resultado, no se encuentran bien equipados para sus batallas contra el enemigo, porque el bautismo en el Espíritu Santo es lo que provee el poder para vencer.

"Pero recibiréis poder, cuando haya venido sobre vosotros el Espíritu Santo, y me seréis testigos en Jerusalén, en toda Judea, en Samaria, y hasta lo último de la tierra."   Hechos 1:8

En otras palabras, cuando llegamos a ser creyentes, es como incorporarnos al ejército de Dios. Y el recibir el bautismo del Espíritu Santo es como recibir las armas necesarias para la batalla.

Los israelitas tenían enemigos humanos y pelearon contra adversarios visibles. Pero Pablo nos dice en Efesios 6:12 que no peleamos contra carne y sangre, sino contra enemigos espirituales. Luchamos contra espíritus en el reino espiritual, sobrenatural; contra las huestes de Satanás, quien manda en el sistema mundial.

Yo diría que un 90% de nuestros problemas provienen de nuestra carne. Hacemos lo que queremos y cuando queremos. Pero en cuanto al 10% restante, si hemos buscado a Dios, ayunado, orado y hecho todo lo imaginable para vencer, y todavía el problema persiste, llegamos a la conclusión de que es demoniaco. Recuerde que a la carne, no es posible echarla fuera: es necesario crucificarla y considerarla como muerta.

Nuestra primera consideración, en el área de la guerra espiritual, es la necesidad personal de liberación. Es de primera importancia que estemos verdaderamente muertos a nuestra naturaleza pecaminosa. Los demonios no pueden vivir en carne muerta. Una persona muerta no puede pecar, y no puede tener un demonio. Pablo nos habla sobre las obras de la carne en Gálatas 5:19-21:

> *"Y manifiestas son las obras de la carne, que son: adulterio, fornicación, inmundicia, lascivia, idolatría, hechicerías, enemistades, pleitos, celos, iras, contiendas, disensiones, herejías, envidias, homicidios, borracheras, orgías, y cosas semejantes a estas; acerca de las cuales os amonesto, como ya os lo he dicho antes, que los que practican tales cosas no heredarán el reino de Dios."*

Antes yo pensaba que esta lista de las obras de la carne nombraba demonios. Pero debemos entender que éstos entrarán, como dice Pablo, si practicamos las obras nombradas. El pecado abre la puerta a los demonios. Entonces, tenemos que arrepentirnos del pecado, decir "no", y buscar a Dios. Teniendo todo esto en cuenta, podemos aprender cómo pelear la batalla espiritual con más eficacia.

El pecado más grande del rey David no fue su adulterio con Betsabé, un pecado de la carne. El pecado que más estorbó a Israel fue cuando David mandó censar a

Israel. Desde el punto de vista humano, esta acción nos parece lógica. El quería saber cuántos hombres podrían ir a la guerra, pero la Biblia claramente identifica quien le impulsó a David hacerlo.

> *"Pero Satanás se levantó contra Israel, e incitó a David a que hiciese censo de Israel."*
>
> 1 Crónicas 21:1

Vemos quién empezó el proceso: fue Satanás quien incitó el pensamiento en la mente de David. Otros líderes antes de él habían censado el pueblo de Dios sin problema, pero esta vez, la sugerencia vino de Satanás. David estaba en guerra espiritual en el campo de batalla de su mente. Es insensato poner por obra cualquier idea que venga de Satanás.

> *"Y dijo David a Joab y a los príncipes del pueblo: Id, haced censo de Israel desde Beerseba hasta Dan, e informadme sobre el número de ellos para que yo lo sepa. Y dijo Joab: Añade Jehová a su pueblo cien veces más, rey señor mío; ¿no son todos éstos siervos de mi señor? ¿Para qué procura mi señor esto, que será para pecado a Israel? Mas la órden del rey pudo más que Joab... asimismo esto desagradó a Dios, e hirió a Israel,"Más, rey señor mío; ¿no son todos éstos siervos de mi señor? ¿Para qué procura mi señor esto, que será para pecado a Israel? Mas la órden del rey pudo más que Joab... asimismo esto desagradó a Dios, e hirió a Israel."*   1 Crónicas 21:2-4,7

Algunas personas dicen, "Dios no aflige a los inocentes," pero a causa del pecado de David, Dios envió una plaga sobre Israel, y setenta mil hombres murieron.

"Y alzando David sus ojos, vio al ángel de Jehová, que estaba entre el cielo y la tierra, con una espada desnuda en su mano, extendida contra Jerusalén. Entonces David y los ancianos se postraron sobre sus rostros, cubiertos de cilicio. Y dijo David a Dios: ¿No soy yo el que hizo contar el pueblo? Yo mismo soy el que pequé, y ciertamente he hecho mal; pero estas ovejas, ¿qué han hecho? Jehová Dios mío, sea ahora Tu mano contra mí, y contra la casa de mi padre, y no venga la peste sobre Tu pueblo! 1 Crónicas 21:16-17

David se arrepintió, y la mano del Señor se detuvo. El rey David, como líder sobre el pueblo de Israel, era el responsable de lo que les pasaba. Cuando pecó, toda la nación sufrió las consecuencias. Algunos de sus pecados tuvieron un efecto a largo plazo sobre la nación y también sobre su familia. Yo, como padre de familia, soy el responsable del bienestar de mi familia. Mis pecados también afectan a toda la familia.

Lo que hizo David nos parece de poca importancia, pero el diablo le engañó por confiar en la fuerza humana. Dios no está limitado; cuando concede Sus victorias, puede usar pocos o muchos. Quiere que confiemos en El, teniendo fe en El y Su Palabra, y sabiendo cómo pelear contra el enemigo espiritualmente y en todo otro sentido. En la guerra espiritual, el enemigo se aprovecha de cualquier descuido nuestro para enviar sus dardos de fuego. Recuerde, su propósito es robar, matar y destruir.

"Alcé después mis ojos y miré, y he aquí un varón que tenía en su mano un cordel de medir. Y le dije: ¿A dónde vas? Y él me respondió: A medir a Jerusalén, para ver cuánta es su anchura, y cuánta su longitud. Y he aquí, salía aquel ángel

que hablaba conmigo, y otro ángel le salió al encuentro, y le dijo: Corre, habla a este joven, diciendo: Sin muros será habitada Jerusalén, a causa de la multitud de hombres y de ganado en medio de ella. Yo seré para ella, dice Jehová, muro de fuego en derredor, y para gloria estaré en medio de ella."   Zacarías 2:1-5

En esta visión, Dios está diciendo, "No trates de medir los muros de Jerusalén, porque voy a hacer algo nuevo." En otras palabras, no trates de medir para saber cuán grande o cuán pequeña es, porque Mi Jerusalén no tendrá límites. Dios está diciendo, que los números o el tamaño no valen; Dios no está limitado por estas cosas, y puede usar lo más pequeño para cumplir Su propósito. Gedeón tenía sólo 300 hombres para enfrentar al enemigo (Jueces 7:7). Dios quiere ampliar nuestra visión hasta el límite de nuestra vista, sin paredes que nos estorben. Nos abre muchas verdades y nos mostrará otras aún más maravillosas. El quiere que tengamos una nueva unción cada día.

Otro ejemplo de guerra espiritual puede verse en 1 Samuel 14:1-2:

"Aconteció un día, que Jonatán hijo de Saúl dijo a su criado que le traía las armas: Ven y pasemos a la guarnición de los filisteos, que está de aquel lado. Y no lo hizo saber a su padre. Y Saúl se hallaba al extremo de Gabaa, debajo de un granado que hay en Migrón, y la gente que estaba con él era como seiscientos hombres."

Veamos lo que pasa aquí en el reino espiritual. Israel y los filisteos estaban en guerra. Israel representaba el ejército de Dios, y los filisteos el ejército de Satanás, el enemigo de Dios. Pero Saúl, como el líder del ejército de

Dios, no hacia nada para confrontar al enemigo. Tomó una posición pasiva, como hacen muchos cristianos hoy en día: "Si dejo en paz al diablo, él no me hará nada a mí." Cuando el enemigo le ataca, usted le puede pelear a la defensiva o tomar la ofensiva; pero no es posible dejar de pelear, o el enemigo ganará seguro. Jonatán decidió tomar la ofensiva en la guerra.

> *"Dijo, pues, Jonatán a su paje de armas: Ven, pasemos a la guarnición de estos incircuncisos; quizá haga algo Jehová por nosotros, pues no es difícil para Jehová salvar con muchos o con pocos."*   1 Samuel 14:6

Quiero enfatizar "No es difícil para Jehová salvar con muchos o con pocos." En otras palabras, no piense en números, sino confiar y descansar en el Señor. Usted y el Señor representan una mayoría.

> *"Y su paje de armas le respondió: Haz todo lo que tienes en tu corazón; vé, pues aquí estoy contigo a tu voluntad".*   1 Samuel 14:7

Aquí vemos dos hombres unidos en un solo propósito. Cuando dos o más se ponen de acuerdo acerca de cualquiera cosa, incluida la guerra espiritual, Dios está de acuerdo en el cielo, y usted verá el enemigo derrotado (Mateo 18:19).

> *"Dijo entonces Jonatán: Vamos a pasar a esos hombres, y nos mostraremos a ellos".*

1 Samuel 14:8

En la pelea contra el enemigo, habrá ocasiones en que la lucha será cuerpo a cuerpo. No habrá lugar para la posición pasiva. Declare su autoridad por la sangre del Cordero, la Palabra viviente, y el precioso nombre de

Jesús. Use las armas que le han sido entregadas en el nombre de Jesús.

El enemigo puede enviar contra usted sus dardos de fuego, pero colóquese toda la armadura de Dios, y levante el escudo de la fe, para apagarlos, (Efesios 6:12-18).

> *"Si nos dijeren así: Esperad hasta que lleguemos a vosotros, entonces nos estaremos en nuestro lugar, y no subiremos a ellos. Mas si nos dijeren así: Subid a nosotros, entonces subiremos, porque Jehová los ha entregado en nuestra mano; y esto nos será por señal. Se mostraron, pues, ambos a la guarnición de los filisteos, y los filisteos dijeron: He aquí los hebreos, que salen de las cavernas donde se habían escondido. Y los hombres de la guarnición respondieron a Jonatán y a su paje de armas, y dijeron: Subid a nosotros, y os haremos saber una cosa. Entonces Jonatán dijo a su paje de armas: Subid tras mí, porque Jehová los ha entregado en manos de Israel."*   1 Samuel 14:9-12

Observe este cuadro. Jonatán y su paje de armas tenían que subir a una montaña. Jonatán subió primero, trepando con sus manos y sus pies. Allí en la cima, el enemigo armado los esperaba. El paje de armas estaba detrás de Jonatán con sus armas. Estos dos hombres rápidamente mataron como veinte del enemigo, dos contra veinte, pero los dos tenían la Palabra de Dios como arma. La fortaleza, la fe y el poder de Dios fueron sus armas. Jonatán pidió una señal de Dios. Dijo, "Si ellos dicen 'Subid a nosotros,' sabremos que el Señor nos dará la victoria." Y así fue.

> *"Y hubo pánico en el campamento y por el campo, y entre toda la gente de la guarnición; y los*

> *que habían ido a merodear, también ellos tuvie-*
> *ron pánico, y la tierra tembló; hubo, pues, gran*
> *consternación".*   1 Samuel 14:15

Cuando uno entra en guerra espiritual, no está solo, ni carece de armas. Jesús dijo en Lucas 10:19,

> *"He aquí os doy potestad de hollar serpientes y*
> *escorpiones, y sobre toda fuerza del enemigo, y*
> *nada os dañará."*

Jonatán y su paje de armas fueron a la batalla, confiados en la Palabra de Dios. Así nosotros también entramos en guerra espiritual armados con el poder y ordenamos que salgan los enemigos en el nombre de Jesús.

Cuando mi esposa y yo estuvimos en Italia, hace unos años, asistimos a un culto. Mientras alabamos al Señor, un joven empezó a violentarse. Empujó a algunas personas y empezó a tirar sillas por todos lados. Después se acercó a nosotros. Evelyn y yo nos paramos, le señalamos, y dijimos: "Atamos tu poder en el nombre de Jesús." El se detuvo y empezó a gruñir como un animal. Sin previo aviso, nos encontramos involucrados en guerra espiritual. Mientras estos demonios permanecían atados, pedimos a los ujieres sacar al joven y volverlo a traer en la mañana. Al otro día pudimos liberar al cautivo en el Nombre de Jesús.

Debemos estar listos en todo momento, porque cuando el enemigo viene como río, levantamos bandera contra él, (Isaías 59:19), la bandera del nombre de Jesús.

Todos nosotros, no sólo los ministros de liberación, tenemos que aprender a pelear la guerra espiritual, queramos o no; porque el diablo anda por todo el mundo buscando a quien devorar (1 Pedro 5:8). Si usted ha aceptado a Jesucristo como su Señor y Salvador, es un soldado del Señor Jesucristo. Puede ser un soldado pasivo como el rey Saúl, a la espera de un movimiento del enemigo. Si el enemigo no hacía nada, tampoco actuaba el rey Saúl. O podemos ser como su hijo Jonatán, y su paje de armas, llevando la ofensiva contra el enemigo. Las puertas del Hades no prevalecerán contra nosotros (Mateo 16:18).

La derrota del ejército filisteo entero fue el resultado de la fe y la perseverancia de estos dos hombres actuando de común acuerdo. No hay necesidad de una multitud de personas para ganar la victoria sobre el enemigo o para empezar un avivamiento. Sólo se necesita que dos personas estén de acuerdo.

Confieso que mi visión hace un tiempo era limitada. Pensaba que sólo podía hacer, ver y ministrar hasta cierto punto. Pero Dios nos ha mostrado, a mi esposa Evelyn y a mí, que El puede hacer mucho más de lo que pedimos o pensamos.

Familia de Dios, estemos abiertos y flexibles para creer todas las cosas que Dios nos revelará. Sólo sabemos una pequeña porción de lo que sabremos en el futuro, al seguir en la batalla y en nuestro caminar con Dios. No debemos límitar la sabiduría, el conocimiento y la unción de Dios. La Jerusalén espiritual no tendrá muros y como leemos en Zacarías 2:5, el Señor será muro de fuego alrededor de ella y su gloria estará en medio de ella.

El caminar con Dios es un desafío, en el que aceptamos cada demanda que El nos hace. En Génesis 28:20-22, Jacob promete a Dios darle el diezmo de todo lo que

Dios le diera. Pero esto no impidió que Labán, su suegro, le engañara varias veces y le persiguiera a su salida.

Después que Jacob hizo las paces con Labán, todavía tenía que enfrentar a su hermano Esaú, quien años atrás había jurado que le mataría. Jacob era un suplantador, uno que gana por medio de la fuerza o el engaño. Ese era el significado de su nombre. Pero Jacob puso fin a sus esfuerzos propios para hacer su camino. La noche antes de su encuentro con Esaú, Jacob tuvo un encuentro con el Señor. Luchó toda la noche con Dios y prevaleció. No soltaría a Dios hasta recibir Su bendición, pero primero tuvo que ser debilitado en sus fuerzas naturales, hasta cojear, (Génesis 32:24-32).

El Señor será muro de fuego a su alrededor, y le dirá lo que espera de usted. Si no le gusta lo que Dios le dice, le desafiará. Tarde o temprano, tendrá que dejar sus caminos, sus propias fuerzas y habilidades, o de otro modo no podra caminar con Su bendición.

> *"Oh Sion, la que moras con la hija de Babilonia, escápate. Porque así ha dicho Jehová de los ejércitos: Tras la gloria me enviará él a las naciones que os despojaron; porque el que os toca, toca la niña de su ojo".* Zacarías 2:7-8

Aquí el Señor habla a los que están atados en cadenas de hechicería, adoración al diablo, adivinación y toda clase de ocultismo: ¡Escápate! ¡Busca liberación! Arrepiéntete de tu idolatría. Ven a Mí, dice Jesús, y te libraré, porque eres la niña de Mi ojo. Derramé Mi sangre por ti. Tú me perteneces.

Familia, cuando el enemigo entra como río y clamamos a Dios, el Señor de los Ejércitos levantará bandera contra él. Tenemos que saber que nuestro Padre siempre está listo a ayudarnos. Enviará Sus ángeles para ministrarnos. Proveerá abundantemente y El no conoce limitaciones. Aun antes de pedir, El lo sabe todo, pero El quiere que pidamos. Y El no quiere que lo limitemos.

Al envejecer, observo que esta "máquina" empieza a experimentar fallas. Lo mismo le sucede a todos. A veces, tengo que ir al Maestro Mecánico para que El me arregle, me dé ajustes, y me renueve. Encuentro que la mejor manera de renovar mi "motor" es adorar y alabar al Maestro Mecánico, Jesús. Nunca, bajo ninguna circunstancia, puedo depender de lo que yo puedo hacer en mis propias fuerzas, mis propias habilidades, mis recursos o mi conocimiento. Jesús puede proveer, y proveerá, más abundantemente de lo que yo pueda pedir o pensar.

Nunca debo considerar que la montaña en mi camino es imposible de escalar o que el enemigo es demasiado fuerte. Colaboro con Jesús (2 Corintios 6:1) y puedo hacer todo en Cristo que me fortalece (Filipenses 4:13).

Tengo que testificar que soy uno de los milagros de Dios. No llegué a conocer a Jesús hasta la edad de 53 años. Fui un panadero que Dios transformó en evangelista a Su tiempo. Ahora, a los más de 80 años, Dios todavía me está enviando a proclamar las buenas nuevas del Reino de Dios. He experimentado que nuestro Padre Dios no está limitado por la debilidad humana.

Exhorto a mis lectores ahora: Atrévase a pensar en grande, no solo por sí mismo, sino también por su familia, por su ministerio, por su iglesia, y por su ciudad. Espere recibir lo que pide. Enfrente al enemigo, ate su poder, eche fuera los demonios. Ordene que salgan los espíritus de probreza y de enfermedad en el nombre de

Jesús. Haga la obra de evangelista. Atrévase a profetizar a sí mismo, y a otros, deje que la palabra creativa de Dios more en su corazón. Recuerde que Dios quiere que confiemos en El en todo tiempo. No debemos enumerar nuestras posibilidades o limitar nuestras capacidades, porque El puede hacer mucho más abundantemente de lo que pedimos o pensamos.

Hay personas que me han dicho que hacer guerra espiritual o hacer liberación no es su ministerio. Jesús dijo en Marcos 16:17, "Estas señales seguirán a los que creen: En Mi nombre echarán fuera demonios; hablarán nuevas lenguas." Digo que si es creyente, el echar fuera domonios es una señal que debe acompañar su vida y su ministerio. Digo que debe echar fuera todo temor y toda duda, y estar listo a batallar como soldado de Jesús. En el próximo capítulo le diré cómo entrar en guerra espiritual.

Capítulo 2

Cómo entrar
en guerra espiritual

A sí como Daniel era un ejemplo de soldado en guerra espiritual, debemos ser un pueblo de adoración, oración, testimonio y valor. A veces pensamos que lo que Dios quiere hacer, hará, y no podemos cambiar nada. Podemos tener una actitud de que lo que será, será. Pero nosotros, sí, podemos cambiar las cosas. Moisés cambió la mente de Dios en cuanto a destruir a Israel, cuando se rebeló vez trás vez contra Su palabra y El habló de hacer de la descendencia de Moisés un nuevo pueblo para Sí.

> *"Entonces Jehová dijo a Moisés: Anda, desciende, porque tu pueblo que sacaste de la tierra de Egipto se ha corrompido. Pronto se han apartado del camino que Yo les mandé; se han hecho un becerro de fundición, y lo han adorado, y le han ofrecido sacrificios, y han dicho: Israel, estos son tus dioses, que te sacaron de la tierra de Egipto. Dijo más Jehová a Moisés: Yo he visto a este pueblo, que por cierto es pueblo de dura cerviz. Ahora, pues, déjame que se encienda mi ira en*

ellos, y los consuma; y de ti Yo haré una nación grande. Entonces Moisés oró en presencia de Jehová su Dios, y dijo: ¿por qué se encenderá Tu furor contra Tu pueblo, que Tú sacaste de la tierra de Egipto con gran poder y con mano fuerte?... Entonces Jehová se arrepintió del mal que dijo que había de hacer a Su pueblo."

Exodo 32:7-11, 14

Familia, podemos cambiar la mente de Dios con la intercesión, tal como hizo Moisés. El ministerio de la intercesión es importante en la guerra espiritual. Dios dijo en Génesis 15:18, "A tu descendencia daré esta tierra, desde el río de Egipto hasta el río grande, el río Eufrates," pero el pueblo de Israel todavía tenía que ir y conquistar sus moradores. Dios no quería que se mezclara con esas tribus por matrimonio ni que adorara sus ídolos.

Hay un principio de trabajo compartido que Dios quiere revelarnos. El quiere que obremos como colaboradores juntamente con El, como Pablo expresa en 1 Corintios 3:9, *"Porque nosotros somos colaboradores de Dios, y vosotros sois labranza de Dios, edificio de Dios."* Por toda Su palabra. Dios nos dice, *"Os he dado la tierra, os he dado las armas, os he dado la autoridad y el poder"* (Lucas 10:19); ahora pelead la buena batalla de la fe. Esto es la realidad de la guerra espiritual. Jesús dijo en la cruz, "Consumado es." En otras palabras, la obra ha sido terminada, la guerra ha sido ganada; ahora, id adelante y reclamad la victoria basada en lo que El ha hecho.

Dios no quiere que ninguno perezca, sino que todos procedan al arrepentimiento (2 Pedro 3:9). Pero nosotros todavía tenemos que ejercer nuestra voluntad e invitar a Jesús a entrar en nuestro corazón como Salvador y Señor de nuestras vidas. Todavía tenemos que ser hacedores de Su palabra.

Daniel fue ejemplo de un hombre de Dios que hacía guerra espiritual. No fue moldeado por el mundo a su alrededor. Se paraba firme. Sus enemigos proclamaron una ley diciendo que el que hiciera petición a dios o a persona fuera del rey sería echado al foso de los leones (Daniel 6:7). Daniel no quiso comprometer su posición ni su relación con Dios, aunque tuviera que morir. Cuando oró a Dios como solía hacerlo, fue echado al foso de los leones. El Señor no le libró de ser echado allí, pero transformó a los leones en gatitos mansos. Luego levantó a Daniel al puesto más alto en el reino después del rey.

Las personas que cambian al mundo son aquellas que rehusan ser moldeados por el mundo. Son los no conformistas. Jesús era el no-conformista más grande que ha existido. El dijo en Juan 4:23-24,

> *"Mas la hora viene, y ahora es, cuando los verdaderos adoradores adorarán al Padre en espíritu y en verdad; porque también el Padre tales adoradores busca que le adoren. Dios es espíritu; y los que le adoran, en espíritu y en verdad es necesario que adoren."*

Creo que cuando Dios encuentra un adorador así, derrama Sus bendiciones sobre esta persona, con gran unción y poder. El desea canales como Daniel, que El puede usar como canal para Su gracia. Todos debemos tener esta oración en el corazón: "Señor, quiero ser como Daniel. Quiero ser un instrumento de Tu gracia y poder, para que pueda cambiar el mundo a mi alrededor conforme a Tus deseos."

Daniel es un ejemplo de alguien que fue transformado por la oración y el ayuno. Cuando Daniel leyó la profecía de Jeremías (Daniel 9:2), él no anunció, "Oigan todos, solo falta poco tiempo para terminar los 70 años de esclavitud profetizado por el profeta Jeremías; no hay necesidad de más lucha, oración y ayuno." No dijo nada semejante, sino que oró y clamó la misericordia de Dios. Mucha gente hoy en día tiene una mente deprimida y sin esperanza. Se sientan frente a sus televisores, a ver programas cristianos con sus Biblias abiertas, para especular sobre el día, el mes y la hora del regreso de Jesús. Muchas personas han hecho esto en cada siglo desde que Jesús volvió al cielo. Jesús mismo dijo que solo el Padre sabe el día y la hora de Su regreso, y que debemos ocupar hasta ese día.

¿Qué quiere decir "ocupar" hasta que El venga? ¡Significa hacer todo lo que Dios ha determinado que usted haga cuando le creó! Dios quiere que usted alcance su potencial para Su Reino. En cuanto a mí, El quiere que yo siga viviendo según el espíritu de Lucas 4:18, como cuando lo dijo Jesús:

> *"El Espíritu del Señor está sobre Mí, por cuanto Me ha ungido para dar buenas nuevas a los pobres; Me ha enviado a sanar a los quebrantados de corazón; a pregonar libertad a los cautivos, y vista a los ciegos; a poner en libertad a los oprimidos; a predicar el año agradable del Señor."*

Esto es lo que debo hacer hasta que Jesús venga. Ahora, volvemos a Daniel 9:3,

> *"Y volví mi rostro a Dios el Señor, buscándole en oración y ruego, en ayuno, cilicio y ceniza."*

¿Cómo oraba Daniel? Vestido de cilicio y ceniza, o sea, en humildad. Algunas personas dicen que debemos pedir una sola vez, y el Padre oirá. Sí, El oirá, pero cuando el enemigo le resiste y hay que romper las barreras, es necesario persistir en oración. Uno no puede dejar al enemigo volver a fortalecerse. Hay que seguir rompiendo cadenas, especialmente cuando esté muy arraigado. Cuando tratamos a un enemigo muy fuerte, no es solo cosa de hablar una vez y listo. Es necesario hacer guerra espiritual perseverante. Cuando el enemigo envía más de sus soldados, hay que bajarlos en el Nombre de Jesús, hasta que huya el adversario y se gane la victoria.

Creo que Dios ha derramado un río de conocimiento en cuanto a guerra espiritual para la Iglesia hoy en día, para equipar a los santos, y que sepan cómo pelear y orar en el poder del Espíritu de Dios y no por esfuerzo humano.

Tal como lo hizo Daniel, ayunar es algo que se hace en preparación para la guerra, limpiando el vaso para escuchar mejor la voz de Dios. Muchas veces los atletas hacen dieta para librarse de un exceso de peso en preparación para un torneo. Nosotros debemos hacer lo mismo. No es legalismo, sino algo que rompe las cadenas de poder espiritual, tal como leemos en Mateo 17:20-21. En esta ocasión, los discípulos no pudieron echar fuera el espíritu de epilepsia de un niño. Jesús les dijo que este género sólo sale por medio del ayuno y oración, o sea, que se necesitaba más poder sobre los espíritus malignos.

En Daniel 9:4-10, Daniel clama a Dios y confiesa de esta manera: "Señor, no es que Tú no has hecho Tu parte, sino soy yo y mi pueblo que hemos fallado. No obedecimos Tu voz y hemos pecado. Señor, no obedecimos Tus siervos, los profetas. Perdónanos. No hemos orado y ayunado como Tú nos mandaste. No nos hemos arrepentido como pueblo, como nación. Perdónanos, perdónanos."

Familia, un día tendremos que pararnos frente al Tribunal de Cristo. Jesús nos dirá, "Rinde cuenta de tu mayordomía. ¿Por qué no usaste el poder que te di en Mi nombre? ¿Por qué no ayunaste, no oraste, no sanaste, ni echaste fuera demonios en Mi nombre?"

> *"Exhorto ante todo, a que se hagan rogativas, oraciones, peticiones y acciones de gracias, por todos los hombres; por los reyes y por todos los que están en eminencia, para que vivamos quieta y reposadamente en toda piedad y honestidad."*
> 1 Timoteo 2:1-2

Recomiendo este proceder en cuanto a cualquier necesidad: por un pueblo, una nación, por alguien en una lucha espiritual, por un matrimonio con problemas, por un hijo o una hija que ha retrocedido. Después oramos, ayunamos, atamos y echamos fuera demonios hasta que se rompa el poder maligno, y el cautivo sea libertado. Al luchar contra fuerzas malignas espirituales, una consejería matrimonial experta no obrará liberación, aunque puede ser que ayude en algo. El mal manejo del dinero no cambia a través de consejería financiera, aunque también puede ser que ayude en algo. Las personas pueden entender los principios de relaciones personales, o del buen manejo de dinero y todavía no tener ningún poder para cambiar su situación, porque su invisible enemigo las tiene encadenadas. La victoria puede alcanzarse cuando primero se ha hecho guerra espiritual. Esto es lo que da resultados.

En Daniel 9:16-20, Daniel sigue clamando a Dios a favor de Jerusalén, por su pueblo y por sí mismo, a causa de sus pecados. Pide perdón y misericordia. Entonces, en el próximo versículo, el ángel Gabriel viene, en respuesta al ayuno y oración de Daniel. Así vemos como se hace guerra espiritual. Se dirige a Dios, y a la vez, se hace saber al diablo que uno está en serio.

En el próximo capítulo, hablaremos sobre dos áreas de guerra espiritual: la guerra en la tierra y la guerra en los cielos.

Capítulo 3

La Guerra espiritual en lugares celestiales

*H*oy en día, mucha gente ignora este importante tema y no sabe de qué se trata. Pero algunos de los líderes en intercesión a nivel mundial enfatizan que en la guerra espiritual, hay que atar a los espíritus que gobiernan sobre ciudades, países, continentes e individuos. En uno de sus libros, el autor Pedro Wagner dice que cuando uno ordena salir espíritus en la tierra, los debilita también en los aires, en los lugares celestiales.

Vamos a mirar algunos versículos de la Biblia que hablan de guerra espiritual en los lugares celestiales.

> *"Porque no tenemos lucha contra sangre y carne, sino contra principados, contra potestades, contra los gobernadores de las tinieblas de este siglo, contra huestes espirituales de maldad en las regiones celestes."*   Efesios 6:12

En este versículo, Pablo nos dice que luchamos contra huestes espirituales de maldad en lugares celestiales. Cuando dice "regiones celestiales," ¿de qué habla? En 2 Corintios 12:2 Pablo dice:

> *"Conozco a un hombre en Cristo, que hace cator-*
> *ce años (si en el cuerpo, no lo sé; si fuera del*
> *cuerpo, no lo sé; Dios lo sabe) fue arrebatado*
> *hasta el tercer cielo."*

Creo que Pablo habla de sí mismo. Si él fue al tercer cielo, tiene que haber un primer cielo y un segundo cielo. Cuando miramos a nuestro alrededor, las nubes, las estrellas, el sol, y la luna, vemos el primer cielo. El tercer cielo es donde nuestro Padre Dios tiene Su trono. Naturalmente no hay guerra espiritual en el tercer cielo. Allí reina la perfección. Entonces, el segundo cielo es donde Satanás opera, y es desde allí que él dirige su guerra contra nosotros. Tal como el Padre Dios tiene orden divino en Su Reino, con ángeles guardianes sobre naciones, sobre ciudades, sobre instituciones, iglesias, hogares y personas, el diablo tiene orden en su reino maligno. El ha asignado demonios para dominar sobre naciones, ciudades, instituciones, etc., también. Así que, si queremos cambiar nuestra nación, nuestra iglesia, nuestro hogar, nuestro lugar de trabajo, tenemos que hacer guerra espiritual contra las fuerzas de las tinieblas en el segundo cielo.

Un pasaje en Daniel 10:10-13 nos explica sobre esto:

> *"Y he aquí una mano me tocó, e hizo que me*
> *pusiese sobre mis rodillas y sobre las palmas de*
> *mis manos. Y me dijo: Daniel, varón muy amado,*
> *está atento a las palabras que te hablaré, y ponte*
> *en pie; porque a ti he sido enviado ahora. Mien-*
> *tras hablaba esto conmigo, me puse en pie tem-*
> *blando. Entonces me dijo: Daniel, no temas; por-*
> *que desde el primer día que dispusiste tu cora-*
> *zón a entender y a humillarte en la presencia de*
> *tu Dios, fueron oídas tus palabras; y a causa de*
> *tus palabras, yo he venido. Mas el príncipe del*

*reino de Persia se me opuso durante veintiún
días; pero he aquí Miguel, uno de los principales
príncipes, vino para ayudarme, y quedé allí con
los reyes de Persia."*

¿Qué pasó aquí? La oración de Daniel fue oída en el
tercer cielo, donde el Padre Dios tiene Su trono. Entonces
Dios dice al ángel Gabriel, "Gabriel, lleva este mensaje a
Daniel." Gabriel sale del tercer cielo rumbo a la tierra.
Pero al pasar por el segundo cielo, encuentra oposición.
El príncipe maligno que Satanás había asignado sobre
Persia impide que Gabriel siga durante 21 días, hasta que
el arcángel Miguel llega a ayudarle. Entonces, mientras
el arcángel pelea con el príncipe maligno, el ángel Gabriel
puede llegar y dar la respuesta a Daniel.

Podemos entender que muchas veces nuestras
oraciones son impedidas por los poderes en el segundo
cielo. Oramos, y Dios nos manda la respuesta, pero los
ángeles que El manda encuentran oposición. El diablo
no quiere que recibamos respuesta a nuestras oraciones.
Se desata una guerra espiritual en el segundo cielo. Por
eso, es tan importante que oremos y atemos estos espíritus allí. Tenemos que tomar la ofensiva contra ellos. Lo
hacemos por medio de la guerra espiritual.

En Isaías 14:12-15 leemos:

*"¡Cómo caíste del cielo, oh Lucero, hijo de la ma-
ñana! Cortado fuiste por tierra, tú que debilitabas
a las naciones. Tú que decías en tu corazón: Subiré al cielo; en los alto, junto a las estrellas de
Dios, levantaré mi trono, y en el monte del testimonio me sentaré, a los lados del norte; sobre
las alturas de las nubes subiré, y seré semejante
al Altísimo."*

Miremos cuántas veces Satanás dijo "yo" y "mi", desafiando a Dios. Antes, era el ángel más hermoso y poderoso. Su nombre quería decir "el que lleva la luz". El dirigía las alabanzas en el cielo, pero quería ser igual a Dios. Quería recibir adoración como Dios que le creó.

Cuando nosotros leemos el horóscopo, jugamos con la tabla ouíja, consultamos un espiritista, médium, o hipnotista, practicamos a divinación, nos dirigimos a los espíritus de los muertos, practicamos proyección astral (desdoblamiento), o cualquier otra forma de ocultismo, hemos adorado a Satanás.

En cuanto al leer el horóscopo, Isaías 47:13 dice:

> *"Te has fatigado en tus muchos consejos. Comparezcan ahora y te defiendan los contempladores de los cielos, los que observan las estrellas, los que cuentan los meses, para pronosticar lo que vendrá sobre ti."*

El leer el horóscopo es abominación a los ojos de Dios. Entonces, ¿Cuántos de nosotros hemos leido el horóscopo? ¿Cuántos hemos leído la fortuna que viene en algunas galletas? ¿Cuántos hemos buscado saber el futuro? El hacer estas cosas abre la puerta para la entrada de demonios, y hace también un pacto con Satanás, no con palabras, sino con los hechos. Es necesario romper este pacto, y renunciar el espíritu que entró en nosotros cuando hicimos el pacto. Es muy importante hacer las dos cosas, y echar fuera este espíritu del pacto.

Recordemos, entonces, que Satanás es el príncipe y poder del aire (Efesios 2:2), obra desde el segundo cielo, dirigiendo su guerra contra naciones, ciudades, instituciones, iglesias, hogares, y personas. El mundo espiritual es tan real como la silla en que nos sentamos.

Otro ejemplo del mundo espiritual se encuentra en 2 Reyes 6:15-17:

> *"Y se levantó de mañana, y salió el que servía al varón de Dios, y he aquí, el ejército que tenía sitiada la ciudad, con gente de a caballo y carros. Entonces su criado le dijo: ¡Ah, señor mío! ¿qué haremos? El le dijo: No tengas miedo, porque más son los que están con nosotros que los que están con ellos. Y oró Eliseo, y dijo: Te ruego, oh Jehová, que abras sus ojos para que vea. Entonces Jehová abrió los ojos del criado, y miró; y he aquí que el monte estaba lleno de gente de a caballo, y de carros de fuego alrededor de Eliseo."*

El siervo había dicho "El problema es demasiado grande, el enemigo demasiado fuerte. Y Eliseo pidió que Dios abriera sus ojos espirituales. Cuando nosotros vemos nuestros problemas con los ojos naturales, decimos que es demasiado grande, el monte demasiado alto, los demonios demasiado fuertes, el espíritu de enfermedad demasiado tenaz, el espíritu de alcohol, de drogas, de nicotina, de lujuria, demasiado fuerte para poderlo vencer. Pero si Dios abriera nuestros ojos espirituales, veríamos toda la ayuda que Dios nos tiene — Sus ejércitos de ángeles, carrozas de fuego, y mucho más. Y sobre todo, ¡tenemos el nombre de Jesús. ¡Cuánto poder hay en el nombre de Jesús, y en la sangre de Jesús!

Tenemos que declarar quiénes somos. Somos hijos de Dios. Jesús es nuestro hermano mayor. El ganó la victoria para nosotros, y nos dio toda la autoridad que necesitamos sobre el enemigo, y nada nos dañará (Lucas 10:19).

Jesús dijo en Marcos 16:17, que la primera señal del creyente es el echar fuera demonios, y la segunda señal es el hablar en nuevas lenguas. Otra señal es el poner manos sobre los enfermos y sanarlos, todo en Su nombre. ¿Creemos Su palabra? Entonces, debemos hacer estas cosas. Ahora, quiero compartir sobre un hombre de Dios que no peleó la batalla espiritual como debía:

> *"Aconteció al año siguiente, en el tiempo que salen los reyes a la guerra, que David envió a Joab, y con él a sus siervos y a todo Israel, y destruyeron a los amonitas, y sitiaron a Rabá; pero David se quedó en Jerusalén.. Y sucedió un día, al caer la tarde, que se levantó David de su lecho y se paseaba sobre el terrado de la casa real; y vio desde el terrado a una mujer que se estaba bañando, la cual era muy hermosa. Envió David a preguntar por aquella mujer, y le dijeron: Aquella es Betsabé, hija de Eliam, mujer de Urías heteo. Y envió David mensajero, y la tomó; y vino a él, y él durmió con ella. Luego ella se purificó en su inmundicia, y se volvió a su casa. Y concibió la mujer, y envió a hacerlo saber a David, diciendo: Estoy encinta."*
>
> 2 Samuel 11:1-5

El rey David debería estar con sus soldados. No estaba en el lugar que le correspondía. El diablo sabía que su debilidad eran las mujeres hermosas, y así mandó la tentación. David ya tenía muchas esposas, pero la tentación le ganó. David perdió la batalla en su mente. Cuando vio a Betsabé, debió voltearse y clamar a Dios, para que le ayudara a vencer la tentación. Pero no lo hizo. Escuchó la voz de su naturaleza pecaminosa. Después, añadió al pecado de adulterio, el del homicidio, al mandar matar el esposo de Betsabé en batalla.

Muchas veces, nosotros también tenemos que hacer guerra en dos frentes: en el campo del segundo cielo, y en el campo de la mente. ¿Peleo la guerra espiritual, o caigo en el pecado de fantasía lujuriosa? La batalla en su mente puede ser la batalla más grande que usted pelea, porque el que controle su mente le controla a usted. ¿Será el Espíritu Santo, o un espíritu inmundo? Jesús dijo que el que mira a una mujer para codiciarla, ya adulteró con ella en su corazón (Mateo 25:28). ¿Quién de nosotros quisiera que se hiciera una grabación de nuestros pensamientos para que todos la oigan? Nadie, porque el corazón es engañoso sobre todas las cosas.

Pablo nos dice cómo pelear la batalla de la mente, en 2 Corintios 10:4-6:

> *"Porque las armas de nuestra milicia no son carnales, sino poderosas en Dios para la destrucción de fortalezas, derribando argumentos y toda altivez que se levanta contra el conocimiento de Dios, y llevando cautivo todo pensamiento a la obediencia a Cristo."*

Entonces, nuestras armas son poderosas en Dios para la destrucción de fortalezas. Ninguna fortaleza, montaña de lujuria u otro problema es demasiado grande. Podemos ordenar que salga en el Nombre de Jesús. Nada es imposible para nuestro Señor Jesucristo. El es más grande que cualquier espíritu demoniaco; y en Su Nombre, nosotros también podemos hacer lo imposible.

Ahora, tengo una palabra para las parejas, cuando uno de los cónyugues no ama al Señor o es resistente en cuanto a las cosas de Dios. 1 Corintios 7:4 dice:

> *"La mujer no tiene potestad sobre su propio cuerpo, sino el marido; ni tampoco tiene el marido potestad sobre su propio cuerpo, sino la mujer."*

Según este versículo, el creyente puede hacer guerra espiritual a favor de su pareja. Debe empezar a bajar fortalezas, utilizando las armas que tenemos en la Palabra de Dios. Baje las fortalezas en el segundo cielo que impiden que él o ella llegue a los pies de Jesús. Después, ordene que todo en la mente de su cónyugue sea llevado cautivo a la obediencia a Cristo.

Ahora, uno de los espíritus más importantes en el segundo cielo es el espíritu de la reina del cielo. En Jeremías 7:16-18, Dios declara,

> *"Tú, pues, no ores por este pueblo, ni levantes por ellos clamor ni oración, ni me ruegues; porque no te oiré. ¿No ves lo que éstos hacen en las ciudades de Judá y en las calles de Jerusalén? Los hijos recogen la leña, los padres encienden el fuego, y las mujeres amasan la masa, para hacer tortas a la reina del cielo y para hacer ofrendas a dioses ajenos, para provocarme a ira."*

El espíritu de la reina del cielo se ha visto de generación a generación, de nación en nación, desde el tiempo de los babilonios hasta hoy. No es una mujer, sino un espíritu. El hacer ofrenda o invocar a la reina del cielo es una abominación al Señor nuestro Dios. En Apocalipsis 17, ella se ve como sentada sobre muchas aguas, que representan naciones, pueblos, lenguajes. Hace que las multitudes se confundan, para que no puedan recibir el Evangelio. Los espíritus de la reina del cielo operan en la codicia de lujos, avaricia, fornicación, involucramento con drogas, inmoralidad, borracheras, y hechicerías.

Reina sobre ciudades, instituciones, personas, y se llama la madre de rameras. Babilonia la grande no es una ciudad sino un reino. El diablo la usa contra las poblaciones, y especialmente contra el pueblo de Dios, instigando persecución contra él.

Dios (Jeremías 7) estaba tan airado contra la adoración de la reina del cielo, que ordenó a Jeremías no orar por ese pueblo que lo hacía. Hoy en día, ella se puede ver con varias disfraces, incluyendo santería y peticiones a una que no es Dios.

Podemos orar, *"Padre Santo, vengo en contra los espíritus de la reina del cielo. Ordeno que sean atados y sin poder, los que dirigen guerras, los que hacen que la gente utilice drogas en mi ciudad, en mi hogar. Ato todos estos espíritus en el nombre de Jesús. Ato los espíritus de homosexualidad, lesbianismo, de hechicerías, (y ordeno que salgan de mi hijo, de mi hija, si es el caso), en el nombre de Jesús. Y te pido, Padre Celestial, que mandes Tus ángeles para hacer guerra contra estos principados y potestades, y sacarlos de sus lugares en los lugares celestiales. Junto con los ángeles de Dios, los derribo y los ato, en el nombre de Jesús. Derribo los espíritus de adicción a las drogas, hechicería, adivinación, santería, idolatría, fornicación, lesbia-nismo, homosexualismo, aborto y todos los espíritus del movimiento de la Nueva Era, en el nombre de Jesús. Ordeno, en el nombre de Jesús, que estos espíritus sean atados y sin poder, especialmente a los que el diablo ha asignado contra mí, contra mi familia, y contra mis otros seres queridos."*

Capítulo 4

No creer a todo espíritu

*P*ablo nos dice en Efesios 6:12 que no tenemos lucha con personas de carne y sangre, sino contra espíritus malignos. Pablo usa la palabra que significa "luchar a brazo partido." En esta clase de lucha, hay que estar en contacto directo con el adversario. A veces, al estar en una lucha con los espíritus malos, éstos hablan.

El Apóstol Juan nos advierte no creerles, sino que debemos probar los espíritus.

"Amados, no creáis a todo espíritu, sino probad los espíritus si son de Dios; porque muchos falsos profetas han salido por el mundo. En esto conoced el Espíritu de Dios: Todo espíritu que confiesa que Jesucristo ha venido en carne, es de Dios; y todo espíritu que no confiesa que Jesucristo ha venido en carne, no es de Dios; y este es el espíritu del anticristo, el cual vosotros habéis oído que viene, y que ahora ya está en el mundo. Hijitos, vosotros sois de Dios, y los habéis vencido; porque mayor es el que está en vosotros, que el que está en el mundo. Ellos son del mundo; por eso hablan del mundo, y el mundo los oye. Nosotros somos de Dios; el que conoce a Dios, nos oye; el que no es

de Dios, no nos oye. En esto conocemos el espíritu de verdad y el espíritu de error."   1 Juan 4:1-6

El Espíritu Santo no se molesta al ser probado. He probado los espíritus muchas veces en el ministerio. Una vez ministré a una señora alrededor de dos horas. De repente una voz habló desde ella y dijo, "No tienes que echar fuera más demonios, ya salieron. Soy Jesús que habla." Yo no estaba convencido, entonces probé el espíritu que habló. Dije, "Tú, el que dices ser Jesús, ato tu poder y ordeno que salga en el nombre de Jesucristo de Nazaret, el Hijo del Dios viviente." Con un grito fuerte, tosiendo y trasbocando, salió el espíritu de Jesús falso. Yo sé Quien es mi Jesús. Él es Jesucristo de Nazaret, el Hijo del Dios viviente.

Hay muchos espíritus del anticristo en el mundo hoy en día. Su obra es el seducir a las personas, aún creyentes, para llevarlos a error y engaño. La mayoría de los espíritus de error afectan nuestra capacidad para oír y entender. En la cita arriba, Juan dice que él tiene discernimiento porque conoce a Dios. Ahora, si una persona no puede oír la voz de Dios, es un espíritu de error que estorba su capacidad de oír y entender.

"El que a vosotros oye, a Mí Me oye; y el que a vosotros desecha, a Mí desecha; y el que Me desecha a Mí, desecha al que Me envió."
Lucas 10:16

Cuando hablamos con la unción del Espíritu Santo, nuestras palabras concuerdan con las Escrituras, y las personas que no nos escuchan tienen los oídos cerrados por un espíritu de error. Junto con este espíritu, hay muchos espíritus afines, como confusión, mentira, engaño y auto-engaño.

Cuando uno ministre en el nombre de Jesús, confíe en que le respalda el mismo Señor Jesús. Las Escrituras que hablan del poder en Su nombre son para usted. Si no tiene esta confianza, los demonios lo sabrán y le robarán la victoria. *La guerra espiritual exitosa depende de nuestra confianza en el respaldo del Señor,* de nuestra experiencia y del oír espiritualmente. ¿Por qué Juan dice que hay que probar los espíritus, si son de Dios o no? (1 Juan 4:1). Es porque muchos profetas hoy se encuentran bajo la influencia de espíritus malos. Cuando oiga una palabra profética, pregúntese: ¿Es una parte de Dios y otra parte del espíritu humano? Muchas veces, las profecías contienen una mezcla de lo que es del Espíritu Santo, del espíritu humano y de un espíritu malo. Por eso Pablo dice que debemos juzgar toda profecía, (1 Corintios 14:29).

Somos el pueblo de Dios viviendo en el patio del diablo. El diablo puede imitar los dones del Espíritu Santo con señales mentirosas y maravillas. ¿No imitaron los magos de Egipto muchas de las señales de Dios, como el convertir sus varas en serpientes como hizo Aarón? Pero la vara-serpiente de Aarón devoró sus varas (Exodo 7:10-12).

El diablo puede sanar. Muchas veces el diablo aflige una persona con una enfermedad, y después, por alguien que "opera" por medio de ocultismo, quita la enfermedad, "sanando" a la persona. El diablo antes era un ángel grande y brillante. Podemos leer de su poder y belleza antes de caer, en Isaías 14:11-15 y Ezequiel 28:11-16. El no ha perdido sus poderes y conocimientos. Romanos 11:29 dice que los dones y el llamamiento de Dios son irrevocables. Posee todavía mucho poder; y el más potente es su capacidad para engañar, confundir y sembrar la duda en el pueblo de Dios. El anda alrededor como león rugiente, buscando a quien devorar (1 Pedro 5:8), pero no es león; hay un solo león verdadero, el León de la tribu de Judá, Jesucristo.

En el pasado, vivimos esclavos en el reino de Satanás, hasta nacer de nuevo. Sin embargo, el reino de Satanás nos rodea. Vivimos en medio de su reino, pero no somos parte de él. Pertenecemos al Reino de Dios (Colosenses 1:13). Satanás y sus demonios operan muy cerca a nuestra carne, invisibles y no palpables, pero a veces tan cerca como el aire que respiramos. Como el cuerpo puede inhalar humo o algunos de los millones de microbios en el aire, así nuestra carne también está expuesta a los ataques satánicos. Sin embargo, tenemos estas promesas: *"Mayor es el que está en vosotros, que el que está en el mundo,"* (1 Juan 4:4) y "Somos más que vencedores por medio de Aquel que nos amó," (Romanos 8:37). Un espíritu inmundo se encuentra casi tan cerca a nosotros como el Espíritu Santo y opera en forma invisible, pero con fines diferentes.

Hace algunos años, cuando yo vivía en Miami, EE.UU., una señora cubana llamada María nos invitó a mi esposa Evelyn y a mí a su casa para orar por ella y su familia. Quería que echáramos fuera los espíritus malos. La casa estaba llena de objetos de hechicería (santería), de la región del mar Caribe. Mientras yo ministraba a la familia, de repente llegó la mamá de María. Ella era una bruja y médium de santería. Empezó a imitar todo lo que yo hacía. Cuando yo levantaba las manos, ella también lo hacía. Cuando empecé a orar en lenguas en el Espíritu Santo, ella también oró en lenguas, pero no del Espíritu Santo. Fue una confrontación, una batalla espiritual, del Espíritu Santo en mí contra el espíritu inmundo en ella, hasta que ordené que la sangre de Jesús obrara contra los espíritus malos en ella.

Puse la mano sobre ella y cayó bajo el poder de la sangre de Jesús y en Su Nombre. Cada vez que ella trataba de levantarse, yo le ponía la mano y declaraba la sangre de Jesús sobre ella, y otra vez quedaba en el piso. Así pasó varias veces. La batalla fue ganada por la sangre de Jesús y en Su nombre. La sangre de Jesús es algo que el diablo no puede imitar. Posteriormente, esa señora y su esposo recibieron a Jesucristo como su Señor y Salvador. Mi esposa y yo les ministramos liberación de todos los demonios de santería, y ahora la familia camina en el Reino de Dios. Gloria al Señor por la preciosa sangre de Jesús.

En otra ocasión, un joven llegó a la congregación. Había ido de iglesia en iglesia para encontrar el grupo "perfecto". Fue salvo y recibió el bautismo en el Espíritu Santo. Después, se puso inquieto y se quejó de no recibir el alimento espiritual que necesitaba, así que iba a buscar otra iglesia. Yo le dije, "Hermano, recibes enseñanza, pero no aprendes porque no practicas lo que se te enseña." ¿Cuál espíritu tenía este joven? Un espíritu de error. Esto afectaba su poder para oír. Podría ir de iglesia en iglesia y todavía no oír, como dice 2 Timoteo 3:7, "Siempre están aprendiendo, y nunca pueden llegar al conocimiento de la verdad."

Pablo nos advirtió también en 2 Timoteo 4:3-4,

> *"Porque vendrá tiempo cuando no sufrirán la sana doctrina, sino que teniendo comezón de oír, se amontonarán maestros conforme a sus propias concupiscencias, y apartarán de la verdad el oído y se volverán a las fábulas."*

¿Qué es lo que apartaba sus oídos de la verdad? Es un espíritu de error. Jesús dijo, "Mis ovejas escuchan Mi voz." Si no oyen Su voz, no son Sus ovejas.

Otro hermano que estaba en nuestra congregación durante un tiempo recibió una doctrina que enseñaba que el Antiguo Testamento no tiene relevancia para nuestro tiempo moderno. El argumentó que ahora solamente estamos bajo el Nuevo Testamento. Le mostré que Jesús es el mismo ayer, hoy, y por los siglos (Hebreos 13:8), y que Jesús no vino para abolir la ley sino para cumplirla (Mateo 5:17). Este hombre rechazó mi enseñanza. Ya no podía oír mi voz, aunque mis enseñanzas estaban basadas en las Escrituras, porque el espíritu de error había cerrado sus oídos.

Antes, cuando pastoreaba, y ahora como evangelista, si una persona me busca para consejos o ayuda, trato de descubrir dónde está en su caminar con Dios, y si existe un espíritu de error en su teología. Tengo una lista de siete puntos que uso como guía para tratar de descubrir la obra de la cruz en su vida.

1. Salvación

¿Es esta persona salva? ¿Ha demostrado tener fruto de arrepentimiento? (Mateo 3:8) ¿Ha dejado sus hábitos que no agradan a Dios, como el uso de alcohol, drogas, cigarrillos, glotonería, o lujuria?

> *"De modo que si alguno está en Cristo, nueva criatura es; las cosas viejas pasaron; he aquí todas son hechas nuevas."*   2 Corintios 5:17

2. El bautismo en agua

"Porque somos sepultados juntamente con El para muerte por el bautismo, a fin de que como Cristo resucitó de los muertos por la gloria del Padre, así también nosotros andemos en vida nueva." Romanos 6:4

¿Es la antigua naturaleza llevada a morir? Recuerde, ningún demonio puede vivir en carne muerta. Podemos morir al yo, siguiendo lo que Pablo dice en Romanos 12:1-2:

"Así que, hermanos, os ruego por las misericordias de Dios, que presentéis vuestros cuerpos en sacrificio vivo, santo, agradable a Dios, que es vuestro culto racional. No os conforméis a este siglo, sino transformaos por medio de la renovación de vuestro entendimiento, para que comprobéis cual sea la buena voluntad de Dios, agradable y perfecta."

3. La oración diaria

Los discípulos dijeron a Jesús, "Señor, enséñanos a orar," (Lucas 11:1). Dios quiere que tengamos comunicación con él. Nos mandó que amaramos al Señor con todo el corazón, de toda el alma, y con todas las fuerzas; y el amor necesita de comunicación diaria. En 1 Tesalonicenses 5:17, Pablo nos insta a orar sin cesar. Quiere decir que debemos mantenernos en una actitud de oración. 1 Crónicas 16:11 dice, "Buscad a Jehová y Su poder; buscad Su rostro continuamente." Uno de mis versículos favoritos es Salmo 91:14-16:

"Por cuanto en Mí ha puesto su amor, yo también lo libraré; le pondré en alto, por cuanto ha conocido Mi nombre. Me invocará, y yo le responderé;

con él estaré Yo en la angustia; lo libraré y le glorificaré. Lo saciaré de larga vida, y le mostraré Mi salvación."

4. Actitud agradecida

Todas nuestras oraciones deben mostrar una actitud de agradecimiento, porque todo lo que somos y tenemos proviene de Dios. El es nuestra fortaleza, El es nuestra vida, y sin El no podemos hacer nada.

"Yo soy la vid, vosotros los pámpanos; el que permanece en Mí, y Yo en él, éste lleva mucho fruto; porque separados de Mí nada podéis hacer. "

Juan 15:5

Pablo nos enseña en Filipenses 4:6 de no afanarnos por nada, sino hacer conocidas nuestras peticiones delante de Dios en oración y ruego con acción de gracias. También leemos en el Salmo100:4, *"Entrad por Sus puertas con acción de gracias, por Sus atrios con alabanza; alabadle, bendecid Su nombre."*

5. Alabanza y adoración

Hebreos 13:15 nos instruye ofrecer continuamente el sacrificio de alabanza a Dios, fruto de labios que confiesan Su Nombre, y Salmo 9:11 dice *"Cantad a Jehová, que habita en Sion; publicad entre los pueblos Sus obras."* Como dice en 1 Pedro 2: 9, hemos sido escogidos por Dios para alabarle.

"Mas vosotros sois linaje escogido, real sacerdocio, nación santa, pueblo adquirido por Dios, para que anunciéis las virtudes de Aquel que os llamó de las tinieblas a Su luz admirable."

Si la persona no puede alabar a Dios, entonces es posible que esté atado por un espíritu que le estorba, un espíritu de anticristo que necesita ser echado fuera.

6. Lectura de la Biblia

"Bienaventurado el varón que no anduvo en consejo de malos, ni estuvo en camino de pecadores, ni en silla de escarnecedores se han sentado; sino que en la ley de Jehová está su delicia, y en su ley medita de día y de noche. Será como árbol plantado junto a corrientes de aguas, que da su fruto en su tiempo, y su hoja no cae; y todo lo que hace, prosperará." Salmo 1

Job declaró que amaba las palabras de la boca de Dios más de lo que apreciaba su comida. En medio de su sufrimiento, fue lo único que lo sostuvo. La lectura diaria de la Biblia es una necesidad. Debe utilizar la Palabra como una vitamina espiritual. Como Jesús es la Palabra de Dios, entre más lee Su Palabra, más de Su vida entra en usted. Así edifica fortalezas de Dios en su mente, y fortalece también su cuerpo físico.

"Hijo mío, está atento a mis palabras; inclina tu oído a mis razones. No se aparten de tus ojos; guárdalas en medio de tu corazón; porque son vida a los que las hallan, y medicina a todo su cuerpo." Proverbios 4:20-22

Si usted encuentra que le es difícil leer la Biblia, escucharla cuando se la lean, o escuchar un mensaje ungido, entonces es un espíritu malo que le estorba. Es muy posible que es uno de los siguientes espíritus: anticristo, error, engaño, mentira, o un espíritu de ocultismo. Hay que echar fuera estos espíritus en el nombre de Jesús, antes de poder entender a satisfactoriamente la Biblia. De eso hablaremos más en el siguiente capítulo.

Animo al lector a pedir la ayuda del Espíritu Santo en la lectura y el entendimiento de la Biblia. Como dice Juan 14:26, *"Mas del Consolador, el Espíritu Santo... os enseñará todas las cosas."*

7. El perdonar

Dios nos ordena perdonar. En el Padre Nuestro, Jesús nos enseña la importancia de perdonar:

> *"Vosotros, pues, oraréis así: Padre nuestro, que estás en los cielos, santificado sea Tu nombre. Venga Tu reino. Hágase Tu voluntad, como en el cielo, así también en la tierra. El pan nuestro de cada día, dánoslo hoy. Y perdónanos nuestras deudas, como también nosotros perdonamos a nuestros deudores. Y no nos metas en tentación, mas líbranos del mal; porque Tuyo es el reino, y el poder, y la gloria, por todos los siglos. Amén. Porque si perdonáis a los hombres sus ofensas, os perdonará también a vosotros vuestro Padre celestial; mas si no perdonáis a los hombres sus ofensas, tampoco vuestro Padre os perdonará vuestras ofensas."*
>
> Mateo 6:9-15

Observe cuántas veces aparece el concepto de perdonar. Aparece seis veces. En toda la Escritura, hay un principio básico: "Todo lo que el hombre sembrare, eso también segará," (Gálatas 6:7). El perdón sigue este principio: Como has perdonado, serás perdonado. Algunas personas encuentran que es casi imposible perdonar, porque han sufrido una herida muy profunda, que hirió su espíritu y quebrantó su corazón. Otros no pueden perdonar, porque tienen una raíz de amargura y un espíritu malo de amargura los controla.

Perdonar no es una emoción, sino una decisión de la voluntad. La persona debe decidir perdonar. Jesús, quien vive en su corazón, perdona dentro de ella. Si alguien de verdad quiere perdonar, y no puede, es porque espíritus malos le controlan. Falta de perdón, resentimiento, odio, amargura, y la raíz de amargura, tienen que ser echados fuera en el nombre de Jesús. Después, se debe invitar al Espíritu Santo y al amor de Jesús a entrar y sanar el espíritu herido y el corazón quebrantado, para que el perdón pueda echar raíces y crecer en esa persona.

En el próximo capítulo, hablaremos sobre los peligros de buscar más poder espiritual, y algunas trampas del diablo.

Capítulo 5

La trampa del ocultismo

*E*n la búsqueda de alcanzar nuestro potencial y el plan de Dios para nuestra vida, una de las trampas más grandes de Satanás es la seducción del ocultismo. El hombre tiene lo que parece ser una sed innata de lo sobrenatural. Por eso es tan vulnerable al engaño del diablo. Muchas de las películas más exitosas son basadas en la hechicería. Lo mismo pasa con los programas para niños en la televisión. La influencia del diablo hace que estas producciones sean divertidas y emocionantes para pequeños y grandes.

¿Ha escuchado alguna vez estas frases: "Sólo fui al adivino para divertirme," "Realmente no creo en estas cosas," "Oh, solo leo el horóscopo por curiosidad," "Pensamos que el jugar con la tabla ouíja no era nada malo," "Probé la hipnosis para dejar de fumar"

¿Ha pensado así en cuanto a estos temas? Yo sí, lo hacía, como mucha gente más, en mi ignorancia. El movimiento de la Nueva Era promueve el uso de cristales para "contactar poder de lo alto." ¿Quién no quiere poder de lo alto? El poder del ocultismo que fascina a miles y miles de personas los seduce y los introduce al reino de Satanás.

¿Puede un discípulo de Satanás tener poder para hacer una cirugía sin instrumentos, sólo utilizando las manos? ¿Puede sanar, descubrir agua por adivinación, controlar a las personas por medio de hipnotismo, y causar en la gente depresión y suicidio? Sí, puede. Recordemos que Satanás antes era el ángel más hermoso y más brillante en el cielo. El tenía mucho poder y conocimiento, y todavía lo tiene; pero usa su poder para atrapar, encadenar y engañar a las personas a través de su deseo de entrar en el área espiritual de lo desconocido.

Muchos cristianos son engañados cuando un médium va a una iglesia, y dice ser creyente. Recuerde, el diablo puede citar la Biblia. El citó el Salmo 91:11-12 cuando tentó al Señor Jesús a tirarse del pináculo del templo de Jerusalén (Lucas 4:9-12). El diablo solo cita los versículos que le sirven y muchos cristianos que no conocen bien la Biblia son seducidos y engañados. Dios nos advierte en Oseas 4:6,

> *"Mi pueblo fue destruido, porque le faltó conocimiento. Por cuanto desechaste el conocimiento, yo te echaré del sacerdocio; y porque olvidaste la ley de tu Dios, también yo mé olvidaré de tus hijos."*

¿Cómo ha rechazado usted el conocimiento? Lo ha hecho al no alimentar su alma con la Palabra de Dios, y al dejar otras cosas como deportes, televisión, cines, y pasatiempos, tener prioridad, hasta el punto de no tener tiempo *para la lectura de la Biblia.*

El diablo usa un proceso lento para seducir a la persona a rendirse bajo su dominio. El conoce nuestras de-

bilidades, y las explota para beneficio de él. Santiago
1:13-15 declara:

"Cuando alguno es tentado, no diga que es ten-
tado de parte de Dios; porque Dios no puede ser
tentado por el mal, ni El tienta a nadie; sino que
cada uno es tentado, cuando de su propia concu-
piscencia es atraído y seducido. Entonces la con-
cupiscencia, después que ha concebido, da a luz
el pecado; y el pecado, siendo consumado, da a
luz la muerte."

No es pecado el ser tentado. Lo que cuenta es lo que
hace la persona después, con la tentación. Aun Jesús fue
tentado, pero resistió la tentación, citando la Palabra de
Dios. Tenemos que hacer lo mismo, y después ordenar la
fuente de la tentación irse en el nombre de Jesús. Si no
resistimos la tentación, es posible que abramos una puerta para la entrada de demonios.

El ocultismo es atrayente. Es un pecado de la carne,
una concupiscencia para el poder y un contacto con una
espiritualidad sobrenatural. Cuando una persona se
mete en cualquier clase de ocultismo, no importa hasta
qué punto, termina en la muerte espiritual o aun la
muerte física. Pablo nos dice en Gálatas 5:19-20 que la
hechicería (el ocultismo) es un pecado de la carne, y que
los que practican tales cosas no heredarán el Reino de
Dios.

Hoy en día, el ocultismo se promociona abiertamente
en programas de la T.V., como "Marque un Psíquico." Uno
puede llamar su médium preferido y saber su horóscopo
para el día, o también leerlo en el periódico. La tabla ouíja
y el juego "Calabozos y Dragones"(Dungeons and
Dragons en inglés) se venden hoy en día por montones,

pero son dos de los juegos más peligrosos. Estos abren las puertas para la entrada de demonios e impulsa a la gente a matar, robar y destruir (Juan 10:10). Pablo nos advierte en 1 Timoteo 4:1.

> *"Pero el Espíritu dice claramente que en los postreros tiempos algunos apostatarán de la fe, escuchando a espíritus engañadores y a doctrinas de demonios."*

Mucha gente lleva objetos con el signo de sus horóscopo como algo de moda, sin saber que es un amuleto y una abominación al Señor nuestro Dios. Cuando hacen esto, abren una puerta para la entrada de espíritus malos. Sin embargo, hay otros que saben muy bien que practican una actividad de ocultismo. A ellos, Isaías 47:10-15 dice:

> *"Porque te confiaste en tu maldad, diciendo: Nadie me ve. Tu sabiduría y tu misma ciencia te engañaron, y dijiste en tu corazón: Yo, y nadie más. Vendrá, pues, sobre ti mal, cuyo nacimiento no sabrás; caerá sobre ti quebrantamiento, el cual no podrás remediar; y destrucción que no sepas vendrá de repente sobre ti. Estáte ahora en tus encantamientos y en la multitud de tus hechizos, en los cuales te fatigaste desde tu juventud; quizá podrás mejorarte, quizá te fortalecerás. Te has fatigado en tus muchos consejos. Comparezcan ahora y te defiendan los contempladores de los cielos, los que observan las estrellas, los que cuentan los meses, para pronosticar lo que vendrá sobre ti. He aquí que serán como tamo; fuego los quemará, no salvaran sus vidas del poder de la llama; no quedará brasa para calentarse ni lumbre a la cual se sienten. Así te serán aquellos con quienes te fatigaste,*

los que traficaron contigo desde tu juventud; cada
uno irá por su camino, no habrá quien te salve.

Cuando la persona se involucra en cualquier forma
de ocultismo, en realidad, está adorando a un dios ajeno.
No lo declara tal vez con su boca, pero lo dice con sus
acciones. Nuestro Dios es tan celoso, que no nos compartirá con otro dios. El llevar un signo del horóscopo, el
cuerno italiano (cacho torcido), o cualquier otro objeto
de "buena suerte," es utilizar un amuleto y es abominación delante de nuestro Dios.

> *"No tendrás dioses ajenos delante de Mí. No te*
> *harás imagen, ni ninguna semejanza de lo que*
> *esté arriba en el cielo, ni abajo en la tierra, ni en*
> *las aguas debajo de la tierra. No te inclinarás a*
> *ellas, ni las honrarás, porque Yo soy Jehová tu*
> *Dios, fuerte, celoso, que visito la maldad de los*
> *padres sobre los hijos hasta la tercera y cuarta*
> *generación de los que Me aborrecen, y hago mise-*
> *ricordia a millares, a los que Me aman y guardan*
> *Mis mandamientos."* Exodo 20:3-6

Aun una cruz puede ser un amuleto, si uno la lleva
con un motivo equivocado. A veces el Señor me guía a
preguntar a la persona: ¿por qué tiene al cuello una cruz?
Si ella me contesta que es para protección, entonces es
un amuleto. Si la lleva solamente para indicar que es
creyente, entonces está bien. No podemos llevar una cruz
o la imagen de un santo muerto para protección, porque
nuestra protección es la sangre del Cordero, y la palabra
de nuestro testimonio (Apocalipsis 12:11). Esto no es
legalismo. Cuando alguien desobedece un mandamiento de Dios, abre la puerta para recibir una maldición
(Deuteronomio 28:45).

Hace poco, ministré a una señora involucrada en la hechicería. Había empezado con otras señoras con una sesión de espiritismo sólo para divertirse. Poco a poco, se metió más en el reino de Satanás, llamando a los espíritus de los muertos, y finalmente terminó en orgías sexuales. Demasiado deprimida, al final, trató de suicidarse cinco veces.

Cuando le ministré y le ordené decir, "Satanás, te odio," ella dijo, "No lo puedo hacer, ni lo haré." Le dije que tenía que escoger: a Jesús y la vida, o a Satanás y la muerte. Después de una lucha muy reñida con las fuerzas de las tinieblas, ella clamó, "¡Jesús, ayúdame!" Después fue más fácil. Ordené salir todos los espíritus de hechicería, y que también saliera el espíritu de la novia de Satanás. He observado que muchas veces los espíritus de hechicería y lujuria acompañan los espíritus de soledad, depresión, divorcio, suicidio y de muerte.

He encontrado tantas veces el espíritu de la novia de Satanás en personas que han estado muy involucradas en el ocultismo, que he concluido que toda persona que ha estado en cualquier clase de ocultismo (incluyendo el llevar un amuleto) puede tener un espíritu de la novia de Satanás (para más información sobre este tema, ver Apéndice I). ¿Hay un punto de no retorno para las personas que se han involucrado en el ocultismo? ¿Cuántas personas han muerto a causa de estar en las obras de Satanás? Recordamos los homicidios del Sr. Manson en California EE.UU., los centenares llevados a la muerte por el Rvdo. Jones en Guyana, e incontables muertes entre los jóvenes que reciben los mensajes demoniacos de la música Rock, y los que juegan Calabozos y Dragones. Me parece que hay personas que llegan a un punto de no poder ser rescatados a causa de involucrarse con Satanás, porque disfrutan de poder y posición en su reino. Se sienten poderosos al mover muebles grandes sólo con el poder de su voluntad, al practicar el desdoblamiento (proyección astral), y al lograr que la gente obedezca sus órdenes; pero el final es su propia muerte espiritual.

Dios nos advierte en las Escrituras contra todo esto. Podemos aprender, por ejemplo, de la vida y muerte trágica del rey Saúl. Hubo guerra entre Israel y los filisteos, y el profeta Samuel mandó al rey Saúl esperarle hasta que Samuel ofreciera el sacrificio al Señor. Pero Samuel demoró, entonces el rey Saúl se atrevió a hacer el sacrificio él mismo. Saúl, con presunción, tomó el papel de sacerdote. A causa de esto, Samuel dijo a Saúl:

> *"Mas ahora tu reino no será duradero. Jehová se ha buscado un varón conforme a Su corazón, al cual Jehová ha designado para que sea príncipe sobre Su pueblo, por cuanto tú no has guardado lo que Jehová te mandó."* 1 Samuel 13:14

Pero Saúl desobedeció una vez más, cuando Dios dio a Samuel instrucciones para Saúl de cómo hacer el ataque a Amalec:

> *"Ve, pues, y hiere a Amalec, y destruye todo lo que tiene, y no te apiades de él; mata a hombres, mujeres, niños, y aun los de pecho, vacas, ovejas, camellos y asnos."* 1 Samuel 15:3

En vez de obedecer, el rey Saúl guardó lo que pertenecía al enemigo rey Agag y lo mejor de los animales. Cuando Samuel le confrontó, Saúl culpó al pueblo, que quería sacrificar los animales al Señor.

> *"Y Samuel dijo: ¿Se complace Jehová tanto en*

> *los holocaustos y víctimas, como en que se obe-*
> *dezca a las palabras de Jehová? Ciertamente el*
> *obedecer es mejor que los sacrificios, y el pres-*
> *tar atención que la grosura de los carneros. Por-*
> *que como pecado de adivinación, es la rebelión,*
> *y como ídolos e idolatría la obstinación. Por cuanto*
> *tú desechaste la palabra de Jehová, Él también*
> *te ha desechado para que no seas rey."*
>
> 1 Samuel 15:22-23

Después de esto, Saúl no recibió palabra de parte de Dios. Más adelante, cuando con desespero quería tener conocimiento sobrenatural, fue a una mujer de Endor que tenía espíritu de adivinación, pidiendo consejo de Samuel, quien ya había muerto (1 Samuel 28:7-8). Hay cuatro pasos que se ven, en la caída de Saúl:

1. Orgullo, presunción y el hacer su propia voluntad en lugar de hacer la voluntad de Dios; en vez de esperar a Samuel, tomó la posición de sacerdote.

2. Rebelión, en el no obedecer la palabra de Dios cumplidamente, cuando guardó la vidas del rey Agag y los mejores de los animales.

3. Perversión espiritual, al ir a la adivina de Endor.

4. Una muerte trágica por su propia mano, echándose sobre su espada (1 Samuel 31:4).

Todos nosotros tenemos debilidades semejantes a las de Saúl. Como el mundo aprueba la experimentación en el ocultismo, somos tentados a seguir el mundo. Algunos de nosotros pensamos que, aunque Dios prohibe la investigación psíquica, de todos modos podemos conocerlo a escondidas. La verdad es que somos tan vulnerables cómo Saúl, y nuestro fin sería igual al de él. Pero recordemos que nuestro Dios es un Dios perdonador. Creo que El constantemente dice a los que se han metido al reino de Satanás, "Arrepiéntate, vuelve y te recogeré en Mis brazos."

> *"Vuélvete, oh rebelde Israel, dice Jehová; no haré caer Mi ira sobre ti, porque misericordioso soy Yo, dice Jehová, no guardaré para siempre el enojo. Reconoce, pues, tu maldad, porque con-tra Jehová tu Dios has prevaricado, y fornicaste con los extraños debajo de todo árbol frondo-so, y no oíste Mi voz, dice Jehová."* Jeremías 3:12-13

Por toda la Biblia, encontramos el odio que Dios tie-ne hacia toda clase de ocultismo. El advierte sobre el tor-mento que espera al que practica tales abominaciones. Si la persona entra en el terreno de Satanás por igno-rancia o intencionalmente, pierde toda protección del Señor. Llega a ser el blanco para el ataque y la entrada de espíritus demoniacos. Sin embargo, junto a la justicia de Dios está Su presteza para perdonar a todo aquel que abandone su pecado y se vuelva a Él.

Pasos para liberarse de las cadenas de Satanás:

1. Reconocer que ha sido engañado, que se encuentra atado, y que el ocultismo en todas sus formas es de Sata-nás.

2. Declarar que el Señor Jesucristo es su único Liberta-dor, y que Él es su Señor y Salvador. Pida que Él entre en su corazón y que le perdone de todos sus pecados.

3. Renunciar a Satanás y todos sus espíritus demonia-cos, y ordenarlos salir de usted en el nombre de Jesús. Enumere cada práctica del ocultismo en que ha estado involucrado y ordene a cada espíritu conectado con ella salir de usted en el nombre de Jesús. Respire profundamente y exhale. Si necesita ayuda con su liberación, busque un ministro de liberación reconocido.

4. Re-dedicar su cuerpo como templo viviente del Espíritu Santo y pedir que el Espíritu Santo entre en usted y tome el lugar donde estaban los espíritus malignos que salieron.

5. Unirse a una iglesia que le ayude a mantener su liberación. Busque una congregación que se reúna en forma constante para adoración y alabanza.

6. Leer la Biblia cada día. Leerla de pasta a pasta por lo menos una vez al año.

7. Hacer la oración de David en Salmo 139:21-22 su propia oración: "¿No odio, oh Jehová, a los que Te aborrecen, y me enardezco contra Tus enemigos? Los aborrezco por completo; los tengo por enemigos."

En el próximo capítulo descubriremos la conexión entre el ocultismo y las ligaduras malas del alma.

Capítulo 6

Ligaduras del alma

S i ha estado involucrado en alguna clase de ocultismo, ha hecho una ligadura del alma con esa clase particular de ocultismo. Por ejemplo: si usted por voluntad propia ha recibido consejo de un médium, un espiritista, un adivino, o si ha jugado con una tabla ouíja, ha hecho una ligadura del alma con las personas con quienes estuvo en contacto allí. Su mente, que es parte de su alma, ha estado de acuerdo con el buscar el conocimiento aparte de Dios. Se ha unido con esa gente en el cometer adulterio espiritual y así ha abierto una puerta para la entrada de espíritus malignos de ligaduras del alma con estas personas. Dios no lo compartirá a usted con otro dios.

Hay muchas clases de ligaduras del alma que pueden existir entre personas. Hay ligaduras buenas y ligaduras malas. Una ligadura mala sería aquella formada con una persona que le llevó a usted al ocultismo, al uso de drogas, a la fornicación, también con una persona que le ha hipnotizado o con una persona de quien ha recibido una transfusión de sangre. Una ligadura buena, por otro lado, puede formarse entre personas que se han prometido lealtad en un amor dado por Dios, como en el lazo entre David y Jonatán.

> *"Aconteció que cuando él hubo acabado de hablar con Saúl, el alma de Jonatán quedó ligada con la de David, y lo amó Jonatán como a sí mismo. Y Saúl le tomó aquel día, y no le dejó volver a casa de su padre. E hicieron pacto Jonatán y David porque él le amaba como a sí mismo."*
>
> 1 Samuel 18:1-3

Aquí tenemos el caso de una ligadura buena y sana del alma, de dos hombres puestos de acuerdo. Era un pacto de amor entre ellos, jurando ayudarse mutuamente en todo problema y toda circunstancia.

Otro ejemplo de una ligadura buena del alma es la unión matrimonial. En Génesis 2:24, Dios dice *"Por tanto, dejará el hombre a su padre y a su madre, y se unirá a su mujer, y serán una sola carne."*

Cuando Dios establece vínculos morales entre familias y amigos, el diablo busca maneras de duplicarlos, pero en forma corrompida, como la fornicación, el adulterio, el homosexualismo, el lesbianismo, o la bestialidad. Estas prácticas abren la puerta para la formación de ligaduras malas del alma. Pablo dice en 1 Corintios 6:15-16:

> *¿No sabéis que vuestros cuerpos son miembros de Cristo? ¿Quitaré, pues, los miembros de Cristo y los haré miembros de una ramera? De ningún modo. ¿O no sabéis que el que se une con una ramera, es un cuerpo con ella? Porque dice: Los dos serán una sola carne."*

No existe una unión de almas más cerca que la que

pasa en la entrega sexual. No sólo se hace uno con la otra persona, sino también puede hacer la transferencia de espíritus malignos. Por ejemplo, ¿qué pasa si un hombre visita una ramera? Imagínese cuántos espíritus malos pueden estar dentro de ella. Después, si el hombre vuelve a su casa, puede pasarlos a su esposa. ¿Es posible esto? ¿Puede un hombre transmitir una "enfermedad espiritual" como el transmitir una enfermedad venérea como SIDA a su esposa?

¿De dónde vino el término "ligadura del alma?" La palabra "ligadura" se usa en 1 Samuel 18:1-3, y en Colosenses 2:2, la palabra "unidos" es utilizada. Aquí Pablo dice,

> *"Para que sean consolados sus corazones, unidos en amor, hasta alcanzar todas las riquezas de pleno entendimiento, a fin de conocer el misterio de Dios el Padre, y de Cristo."*

Aquí, Pablo está hablando de cristianos que tienen sus corazones ligados en amor. En Colosenses 2:19, él prosigue,

> *"Y no asiéndose de la Cabeza, en virtud de quien todo el cuerpo, nutriéndose y uniéndose por las coyunturas y ligamentos, crece con el crecimiento que da Dios."*

Aquí esta palabra "unirse" tiene el sentido de ligarse en asociación, el unirse con lazos firmes, rama con rama, hueso con hueso. Ligaduras muy estrechas entre personas, como esposo con esposa, o amigos como Jonatán y David, son ligaduras buenas del alma, y necesitan fortalecerse. Pero donde las personas se han involucrado con la adivinación, el horóscopo, la idolatría, el espiritismo, el vudú, la tabla ouíja, el desdoblamiento (proyección astral), adoración a Satanás, misa negra, magia negra, magia blanca, la necromancia (la búsqueda de comunicación con los muertos), o cualquier otro tipo de ocultismo, es necesario romper ligaduras malas del alma. Por ejemplo, cuando echamos fuera un espíritu de hipnotismo de una persona, también es necesario romper la ligadura mala del alma con el hipnotista.

También se forman ligaduras del alma a través de involucrarse con una secta. Una secta es cualquier organización, grupo o institución como los Masones, los Mormones, Cientología, los Testigos de Jehová o quienes aparentan seguir a Dios y la Biblia pero que tuercen el verdadero significado de la salvación de Cristo, que es sólo por medio de Su sangre derramada en la cruz. Hemos visto grandes victorias ayudando personas a romper ligaduras malas del alma con estos grupos, cuando se arrepienten y buscan liberación.

Hace unos días, ministré a un hombre que había tenido sexo con un perro. Cuando el espíritu demoniaco se manifestó durante la liberación, el hombre ladró como un perro. En el nombre de Jesús, ordené salir de él, el espíritu de perro, el espíritu animalismo, el espíritu de lujuria pervertida y también el espíritu de la ligadura del alma que les había unido.

En otra ocasión, ministré a una persona que, durante la guerra en Vietnam, había practicado el sexo con una mujer que acababa de morir. Se unió con un espíritu de muerte, y veinte años más tarde, estaba abrumado por el temor a la muerte. Le guié a romper la ligadura mala con la mujer muerta, y después ordené salir de él los espíritus de temor a la muerte, lujuria, fornicación y lujuria depravada.

Cuando una relación que en forma intensa involucra su mente y emociones con otra persona o personas, es posible que se forme una ligadura del alma. Esto puede persistir aún después de olvidarse del caso. Algunas personas siguen dando vueltas alrededor de la misma montaña de dificultad, a pesar de oración y liberación. El problema puede ser que todavía no se ha roto alguna ligadura del alma. Hasta que lo haga, esa persona seguirá atada.

Las ligaduras malas del alma se constituyen ataduras, pero las ligaduras buenas del alma pueden fortalecer sus relaciones con su cónyuge y con sus hijos. En el caso de divorcio y nuevo matrimonio bajo las circunstancias que la Biblia delinea, la antigua ligadura del alma con el cónyuge divorciado tiene que ser renunciada y cancelada. También el espíritu de esa ligadura tiene que echarse fuera, porque ya hay un nuevo pacto con su nueva pareja. Después, hay que pedir que el Señor bendiga el nuevo pacto.

Hace poco, tuve algunas experiencias con personas involucradas en la metafísica. La palabra quiere decir "mas allá de lo físico." Dios quiere que seamos guiados por el Espíritu Santo. El no quiere que seamos personas basadas en el alma, edificando una religión de la "ciencia de la mente."

En Queens, Nueva York, una señora bonita que tenía problemas en su vida de oración y el escuchar la voz de Dios vino a verme. Me dijo que antes estaba en un grupo de metafísica. Su líder la encontró atractiva y la escogió para recibir atención especial. Le pregunté si había tenido sexo con él. Ella me dijo que los miembros de ese grupo tienen que rechazar relaciones sexuales, aun con sus cónyuges. Todo era una unión de la mente. Ella pensó que tenía que obedecer a su líder.

Un día, él le dijo que levantara su mano derecha, y enseguida él habló unas palabras sobre ella. Desde ese momento, ella sintió como dormida su mano derecha y su brazo hasta el hombro. Yo le guié a renunciar a todo eso, y a romper la ligadura mala con el alma de Tomás, el líder del grupo. Después, en el nombre de Jesús, ordené que salieran los espíritus que entraron en ella cuando Tomás le exigió que levantara su mano derecha. También ordené salir el hombre fuerte, el espíritu de la metafísica. Posteriormente, oré que se restableciera su mano en el nombre de Jesús, y de inmediato fue sanada. También dije a la señora que destruyera cada libro y objeto que tenía, relacionado con la metafísica, y ella lo hizo.

Una vez, cuando mi esposa y yo estuvimos en Cartagena, Colombia, una señora de unos 50 años vino a visitarnos al apartamento donde nos hospedábamos. Quería que Dios le sanara la pierna izquierda, porque no podía caminar bien y tenía que usar un caminador. En el curso de la conversación, descubrimos que ella era maestra en la metafísica, y celebraba clases semanales en su casa. No conocía al Señor y en realidad ignoraba todo en cuanto al Reino de Dios. Le explicamos que ella servía al diablo, que estaba atada, y que necesitaba al Salvador y Libertador, el Señor Jesús, el Hijo del Dios viviente. Le dijimos que sólo Él podía librarle y sanarle.

Aceptó a Jesús como su Señor y Salvador, y renuncio al dios de la metafísica y todos sus demonios. Prometió quemar todos sus libros y objetos de la metafísica. Entonces, oramos en el nombre de Jesús por su sanidad, y después, pudo caminar sin ayuda. Entregó todas sus cosas de metafísica al pastor que nos había puesto en contacto, y a otro hermano de la iglesia. Cuando ellos quemaron los libros, estos explotaron.

La mente, (el alma), puede encontrarse bajo el control de Satanás. Pablo nos enseña a derrumbar las fortalezas del enemigo en nuestra mente, y a llevarlas a la obediencia a Cristo, (2 Corintios 10:4-5). Nuestras obras no deben ser por fuerza humana ni en el poder del ocultismo, sino por el poder del Espíritu Santo en el nombre de Jesús.

Una vez, una señora vino en busca de consejería. Me dijo que recibió un ministerio de sanidad cuando practicaba meditación. Vio una luz brillante y una voz le dijo: "Solo pon tus manos sobre los enfermos y di 'En el nombre de Dios, sé sanado,' y se sanarán." Obedeció esa voz, y desde ese momento, había sufrido un accidente tras accidente. Le dije que seguía un dios falso. Tendría que renunciar a él y al supuesto don de sanidad. Gracias a Dios que estaba dispuesta. Hay otros que no quieren.

Otras personas me han dicho que nacieron con un don psíquico, porque nacieron bajo un velo. Piensan que tienen un don de Dios. Pero están equivocados y tienen que renunciar a todo don que no viene del Padre, en el nombre de Jesús, por el poder del Espíritu Santo. Recordemos que el diablo puede imitar los dones del Espíritu Santo. Se hace pasar por ángel de luz. Tenemos que probar toda voz que oímos. No creamos a todo espíritu, sino probemos los espíritus, para saber si son de Dios (1 Juan 4:1).

¿Cómo probamos estas voces o pensamientos? Primero, ¿están de acuerdo con la Palabra de Dios? ¿Tiene paz sobre esto? A veces oímos a un pastor decir algo y el

Espíritu Santo dentro de nosotros empieza a tocar una campana de advertencia. Compare todo con la Palabra de Dios (Hechos 17:11). En la boca de dos o más testigos se confirma la palabra (Mateo 18:16). Si las personas quieren que yo ore para recibir una palabra de Dios, lo hago. Si el Señor me da una palabra, les digo que son responsables de probarla ellas mismas, porque tendrán que dar cuenta a Dios, no a mí, por sus hechos a la luz de esa palabra. No quiero llegar a ser un dios para nadie.

Una vez, una señora nos buscó para recibir consejería. Tuvo una relación amorosa con un brujo. Después, reconoció su pecado y huyó de él. Aunque ella ya vivía a miles de kilómetros de él, todavía oía su voz que la llamaba y le daba instrucciones. Ya había recibido liberación de toda clase de espíritus de ocultismo, pero todavía estaba atormentada. Entonces le instruimos romper la ligadura mala del alma con el brujo y ordenamos a ese espíritu salir en el Nombre de Jesús. Las ligaduras del alma pueden ser sumamente peligrosas y pueden resultar en heridas emocionales, según la potencia de la ligadura y su naturaleza, como en el caso de esa señora y el brujo.

Es posible que el alma se hiera y necesite de sanidad. David oró en el Salmo 41:4, *"¡Yo dije, Jehová, ten misericordia de mí; sana mi alma, porque contra Ti he pecado!".*

Creo que las ligaduras del alma pueden establecerse al ir a un médico que utiliza métodos de sanidad orientales, como el acupunturismo, o la acupresión. También es posible tener una ligadura del alma con la persona de quien ha recibido una donación de sangre. Levítico 17:11 nos dice: *"Porque la vida de la carne en la sangre está."*

Tal como la persona puede recibir una enfermedad

como SIDA o hepatitis de sangre contaminada, también puede recibir un espíritu malo con esa sangre. Si yo necesitara una transfusión de sangre, declararía: "Acepto esta sangre, pero ordeno que todo espíritu malo salga de la sangre, y pido al Señor Jesús que limpie esta sangre que recibo, en Su precioso Nombre."

> *"A no haber estado Jehová por nosotros, diga ahora Israel: A no haber estado Jehová por nosotros, cuando se levantaron contra nosotros los hombres, vivos nos habrían tragado entonces, cuando se encendió su furor contra nosotros. Entonces nos habrían inundado las aguas; sobre nuestra alma hubiera pasado el torrente; hubieran entonces pasado sobre nuestra alma las aguas impetuosas. Bendito sea Jehová, que no nos dio por presa a los dientes de ellos. Nuestra alma escapó cual ave del lazo de los cazadores; se rompió el lazo, y escapamos nosotros. Nuestro socorro está en el nombre de Jehová, que hizo el cielo y la tierra."*   Salmo 124

¿Quiénes son los cazadores, que este salmo menciona, que cazan las aves con una carnada? Son el diablo y sus espíritus demoniacos que han puesto a algunos de nosotros en ataduras, por medio de ligaduras malas del alma. Para recibir liberación, repita lo siguiente:

"En el Nombre de Jesucristo, escojo renunciar a todo lo que tiene que ver con mi antigua vida. Renuncio a toda ligadura del alma con personas en mi pasada que estorban o atan mi caminar con Cristo y mi crecimiento en El. Rechazo estas ligaduras del alma y las rompo en el nombre de Jesús. Jesucristo es mi Vencedor, mi Santificador, que me une al cuerpo de Cristo y me da libertad y liberación. Declaro rota toda ligadura del alma.

Renuncio a cada una en el nombre de Jesús. Especialmente, renuncio y rompo la ligadura mala del alma con _____, _____, y _____ (aquí mencionar a cada persona con quien había tenido relaciones sexuales, con la persona que le llevó al ocultismo, el médium, el hipnotista, la secta donde usted estaba y toda persona de quien ha recibido sangre; nombre a cada uno que pueda recordar). Ahora, repita:

"Renuncio a cada ligadura mala del alma que acabo de nombrar, y declaro rota toda atadura. Satanás, declaro que ya soy libre de ti y de tus demonios. Ordeno salir de mí cada espíritu de toda ligadura mala del alma a la que acabo de renunciar, en el nombre de Jesucristo." Ahora, respire profundamente, y exhale. Después, ore así: "Espíritu Santo, Te pido que entres en mí y que tomes el lugar donde estaban los espíritus malos que salieron. Ayúdame a fortalecer las ligaduras buenas del alma que tengo con mi cónyuge, mis hijos y los demás creyentes en Cristo Jesús. Amén."

Capítulo 7

La lepra espiritual

*L*a lepra espiritual puede desarrollarse en usted, sin darse cuenta, e impedir que pueda caminar en la plena voluntad de Dios para su vida, y ganar la batalla espiritual. Podría ser un hábito malo o una actitud que usted ignora, aunque otros lo ven.

> *"Vino a él un leproso, rogándole; e hincada la rodilla, le dijo: Si quieres, puedes limpiarme. Y Jesús, teniendo misericordia de él, extendió la mano y le tocó, y le dijo: Quiero, sé limpio. Y así que él hubo hablado, al instante la lepra se fue de aquél, y quedó limpio. Entonces le encargó rigurosamente, y le despidió luego, y le dijo: Mira, no digas a nadie nada, sino vé, muéstrate al sacerdote, y ofrece por tu purificación lo que Moisés mandó, para testimonio a ellos. Pero ido él, comenzó a publicarlo mucho y a divulgar el hecho, de manera que ya Jesús no podía entrar abiertamente en la ciudad, sino que se quedaba fuera en los lugares desiertos; y venían a El de todas partes."*
>
> Marcos 1:40-45

Jesús mandó al hombre a hacer algo sencillo: *"Mira, no digas a nadie nada, sino ve, muéstrate al sacerdote, y ofrece por tu purificación lo que Moisés mandó."* Pero en lugar de obedecer, el hombre lo habló a todos. Si viniera hoy, habría salido por la T.V. nacional.

Es increíble que hoy en día, cuando alguien recibe una sanidad maravillosa semejante, escribe un libro sobre el hecho, o hace una gira de conferencias, para sacar dinero del milagro de Dios, y muchas veces no hace caso a la voz de Dios, que sólo quiere que esa persona llegue a conocerle mejor.

Dios es el que reparte dones y llamados, y estos pueden aún llevar esa persona delante de reyes (Proverbios 18:16). Dios nos trata como individuos, nos da lo que necesitamos y el ministerio según nuestra capacidad de llevarlo. Pero hay algunos que han orado por una persona, Dios ha hecho la sanidad y ya piensan que tienen el manto de un evangelista famoso. Tienen que tener cuidado de no levantar su propio reino y terminar con lepra espiritual. Dios no honrará esta actitud, al igual que no dejó sin castigo el siervo de Eliseo, que recibió la lepra como consecuencia de su engaño y avaricia (2 Reyes 5:25-27).

La lepra física puede estar quieta un tiempo, después, de repente, reactivarse. Así pasa en lo espiritual. Una mentirita blanca en la juventud llega a ser, cuando uno es de más edad, una mentira grande negra. Tenemos que reconocer qué es lo que nos "infecta," sea un espíritu de mentira, avaricia, orgullo, lujuria, pornografía, alcohol, robo, o engaño. Debemos prestar especial cuidado cuando las personas que amamos y en quienes confiamos nos comentan lo que ellas ven, y nosotros ignoramos. Así podemos corregir el problema y si es necesario, echar fuera los espíritus malos.

Si yo tengo una mancha oscura en mi camisa blanca, me esfuerzo para desmancharla. Podría decir que no veo la mancha, o que no existe, pero seguiría allí hasta que haga algo para quitarla. La Palabra nos dice que tenemos que examinarnos a nosotros mismos (1 Corintios 11:28). Jesús quiere cambiarnos de gloria en gloria, pero El no lo puede hacer si no queremos cambiar. ¿Está usted dispuesto a recibir limpieza de su lepra? Jesús así preguntó a un hombre muy enfermo.

> *"Y había allí un hombre que hacía treinta y ocho años que estaba enfermo. Cuando Jesús lo vio acostado, y supo que llevaba ya mucho tiempo así, le dijo: ¿Quieres ser sano?"* Juan 5:5-6

El Señor también nos hace la misma pregunta. "¿De veras, quiere usted ser sano de su enfermedad, o si es el caso, de su pecado?" Algunas personas no quieren ser sanas, porque si fueran sanas, tendrían que tomar la responsabilidad de sus vidas.

Hace un tiempo, una señora con muletas llegó a nuestra reunión sufriendo de dolor. Le pregunté si quería recibir oración, para que el Señor Jesús le sanara. Ella contestó, "No, quiero cobrar el dinero del seguro primero." A causa de su avaricia, ¿qué recibió? ¡Lepra espiritual! Ella tenía que escoger: o a Jesús o al dinero. Necesitaba usar su voluntad y ponerse de acuerdo con la voluntad de Dios.

David dijo en el Salmo 40:7-8,

> *"Entonces dije: He aquí, vengo; en el rollo del libro está escrito de mí; El hacer Tu voluntad, Dios Mío, me ha agradado, y Tu ley está en medio de mi corazón."*

Aquí vemos la actitud de corazón de una persona libre de la lepra espiritual.

Muchos reciben la lepra espiritual a través de la murmuración, la desobediencia y crítica contra la autoridad, pero no se dan cuenta. A causa de estas actitudes, muchos del pueblo de Israel fueron destruidos (1 Corintios 10:10). La rebelión puede empezar pequeña, pero después crece contra toda autoridad.

En Números 12:1-2, María y Aarón hablaron contra Moisés, a causa de la mujer cusita que Moisés había tomado:

> *"Y dijeron: ¿Solamente por Moisés ha hablado Jehová? ¿No ha hablado también por nosotros? Y lo oyó Jehová."*

¿Qué es lo que demostraron María y Aarón? Ellos manifestaron murmuración, crítica, el juzgar, celos, y orgullo. Dios vindicó a Moisés y después habló a María y Aarón diciéndoles: "¿Por qué, pues, no tuvisteis temor de hablar contra Mi siervo Moisés?" Entonces, hirió a María con lepra. Debe ser que ella fue la primera en criticar. Observamos después quién fue el primero en clamar al Señor: Moisés oró a Dios a favor de María. También vemos que las tribus de Israel no pudieron moverse sin ella. Todos tuvieron que esperar hasta que ella estuviera otra vez limpia (Números 12:11-16). ¿Sería posible que nosotros mismos estemos estorbando a alguien a causa de nuestra lepra? Podría ser nuestro esposo, nuestra esposa, nuestros hermanos o hermanas o aún nuestra iglesia. Una papa podrida puede contaminar toda un bulto de papas. Es tiempo que permitamos al Espíritu Santo obrar en nosotros y convencernos de pecados escondidos.

> *"Por tanto, dejando ya los rudimentos de la doc-*
> *trina de Cristo, vamos adelante a la perfección;*
> *no echando otra vez el fundamento del arrepenti-*
> *miento de obras muertas, de la fe en Dios, de la*
> *doctrina de bautismos, de la imposición de ma-*
> *nos, de la resurrección de los muertos y del jui-*
> *cio eterno. Y esto haremos, si Dios en verdad lo*
> *permite."*

Hebreos 6:1-3

Dios no nos dejará mover hasta que nos arrepinta-
mos y estemos fundamentados en las verdades principales; hasta que estemos libres de la lepra espiritual, tal
como María tenía que ser limpia antes de que toda la
nación de Israel pudiera seguir adelante.

Salmo 24:3-4 proclama:

> *"¿Quién subirá al monte de Jehová? ¿Y quién*
> *estará en Su lugar santo? El limpio de manos y*
> *puro de corazón; el que no ha elevado su alma a*
> *cosas vanas, ni jurado con engaño. Él recibirá*
> *bendición de Jehová, y justicia del Dios de sal-*
> *vación."*

Si decidimos ser personas según la descripción que
David hace en este salmo, estaremos limpios, y en camino a ganar la guerra espiritual y alcanzar nuestro potencial.

Capítulo 8

Reconocer al enemigo

Cuando entramos en guerra, primero hay que saber quién es el enemigo, cuánto poder tiene, cuáles son sus debilidades, y los métodos para poderlo vencer. De eso habla Pablo en 2 Corintios 2:11, *"para que Satanás no gane ventaja alguna sobre nosotros; pues no ignoramos sus maquinaciones."* Primero, necesitamos conocimiento, porque Dios declara por medio del profeta Oseas, *"Mi pueblo fue destruido, porque le faltó conocimiento,"* (Oseas 4:6).

¿Tiene el enemigo poder? Sí, él tiene mucho poder, pero mayor es El que está en nosotros que el que está en el mundo, (1 Juan 4:4). Por medio del Señor Jesucristo y el poder del Espíritu Santo que vive en nosotros, tenemos más poder que Satanás y sus demonios. También nos anima la promesa de Lucas 10:19 donde Jesús dice que El nos ha dado potestad y autoridad sobre todo poder del enemigo y nada nos dañará.

¿Cuáles son los métodos de guerra de Satanás? La duda es una de sus armas principales. En Lucas 4:1-13, leemos que él trató de infundir duda en Jesús cuando Le confrontó después de Sus cuarenta días en el desierto. Satanás dijo a Jesús, *"Si eres Hijo de Dios, di a esta piedra que se convierta en pan."* En otras palabras, Satanás desafió a Jesús a probar Su poder, haciendo un milagro. Jesús le contestó con la Palabra, *"Escrito está: No sólo de pan vivirá el hombre, sino de toda palabra que sale de la boca de Dios,"* (Deuteronomio 8:3).

Hay personas que dudan que la Biblia es la Palabra de Dios. Si uno duda, no puede ejercer fe. Duda e incredulidad van de la mano. Para estas personas, el diablo es un mito, un personaje de la fantasía con orejas puntiagudas, dos cachos, una cola, una chivera, y vestido de rojo. Este concepto se encuentra muy lejos de la verdad. Pablo dice en 2 Corintios 11:13-14:

> *"Porque éstos son falsos apóstoles, obreros fraudulentos, que se disfrazan como apóstoles de Cristo. Y no es maravilla, porque el mismo Satanás se disfraza como ángel de luz."*

Satanás, o Lucifer, como también lo llaman, era el ángel más brillante en el cielo (brillante en el sentido del más inteligente) y él no ha perdido nada de esto. Orgulloso de sus grandes conocimientos y hermosura, él quería ser adorado como Dios. Entonces, él y sus seguidores, la tercera parte de los ángeles, fueron echados fuera del cielo (Isaías 14:12-15, Ezequiel 28:11-18, Apocalipsis 12:9).

Satanás es el gran engañador. Jesús dijo de él, "Cuando habla mentira de suyo habla; porque es mentiroso, y padre de mentira," (Juan 8:44). Pablo se refiere al diablo cuando describe los últimos días en 2 Tesalonicenses 2:7-10:

"Porque ya está en acción el misterio de la iniquidad; sólo que hay quien al presente lo detiene, hasta que él a su vez sea quitado de en medio. Y entonces se manifestará aquel inicuo, a quien el Señor matará con el espíritu de Su boca, y destruirá con el resplandor de Su venida; inicuo cuyo advenimiento es por obra de Satanás, con gran poder y señales y prodigios mentirosos."

Recuerde, Jesús vino para darnos una vida abundante, pero el enemigo vino para hurtar, matar y destruir (Juan 10:10). ¿Tiene el diablo alguna debilidad? El quiere que pensemos que es todopoderoso, pero no lo es. El ya perdió la batalla, cuando Jesús murió en la cruz del Calvario y resucitó de los muertos. Ya sabemos como terminará todo. Está escrito en la Palabra. Pero hasta el fin, Satanás busca llevar consigo al infierno el mayor número posible. Así es como él odia a Dios y a la humanidad.

Muchos creerán sus engaños, como leemos en Apocalipsis 20:7-10:

"Cuando los mil años se cumplan, Satanás será suelto de su prisión, y saldrá a engañar a las naciones que están en los cuatro ángulos de la tierra, a Gog y a Magog, a fin de reunirlos para la batalla; el número de los cuales es como la arena del mar. Y subieron sobre la anchura de la tierra, y rodearon el campamento de los santos y la ciudad amada: y de Dios descendió fuego del cielo, y los consumió. Y el diablo que los engañaba fue lanzado en el lago de fuego y azufre, donde estaban la bestia y el falso profeta; y serán atormentados día y noche por los siglos de los siglos."

Así será el fin de Satanás. Esta es la victoria total, pero mientras tanto, tenemos que pelear la intensa batalla de este tiempo.

Otra de las armas de Satanás es el temor. Cuando dicto seminarios sobre liberación, y pregunto cuántos tienen temor, siempre cerca de la mitad de los asistentes alzan la mano. El temor le roba a usted su paz y su seguridad en la Palabra de Dios. En 2 Timoteo 1:7, Pablo dice, *"Porque no nos ha dado Dios espíritu de cobardía, sino de poder, de amor y de dominio propio."* Si tiene temor, el diablo le ha robado el poder que usted debe tener para vivir y trabajar en el Reino de Dios. Muchas veces hace falta el amor, amor hacia usted mismo al no comprender cuánto Dios le ama, y el amor hacia los demás. Temor también trae confusión, y en vez de tener dominio propio (una mente sana), pueden existir desórdenes mentales.

Hace poco ministré en una iglesia de habla española en Queens, Nueva York. Después del culto, descansaba en la oficina del pastor, cuando una señora tocó la puerta y pidió hablar conmigo. Dijo que cada vez que se acercaba a mí, sentía mucho temor y deseos de huir lejos de mí.

Le ministré liberación, y ordené salir los espíritus de Magor-misabib (terror por todas partes, Jeremías 20:3), también el espíritu que odia a Frank Marzullo, el espíritu del anticristo, espíritu de hechicería, y todos los espíritus afines, en el nombre de Jesús. Gloria a Dios, ella quedó libre de todo temor. Me dio un abrazo, y salió de la oficina con una sonrisa. Hablaremos más sobre el temor en el Capítulo 12, "Una mente sana, sin temor."

El pecado no confesado abre la puerta para la entrada de espíritus malos. Los pecados como el aborto, intento de aborto, falta de perdón, resentimiento, envidia, la codicia (que es idolatría), a veces son pecados no reconocidos por nosotros, que el diablo aprovecha.

Debra, una señora de unos cincuenta años, participaba en nuestro grupo de oración. Me llamó una madrugada a las 3:30 a.m., exclamando, "Están aquí en mi alcoba, un grupo de demonios, riéndose de mí. Me están desvelando con su ruido. Les ordené salir en el nombre de Jesús, como usted me enseñó, pero no salen." Le dije que si no salían al ordenarles en el nombre de Jesús, es porque tenían derecho legal de estar allí. Oramos juntos por teléfono, pidiendo que el Señor revelara la causa, y la palabra "aborto" llegó a mi mente. Le pregunté si alguna vez había tenido un aborto. Ella dijo que sí, cuando era jovencita. Descubrí que ella nunca había confesado esta acto como pecado. Le dije que lo confesara en ese momento y ella obedeció. Enseguida ordené salir de ella los espíritus de aborto, homicidio, sacrificio de niños, lujuria, fornicación, y todo espíritu afín. Ella recibió la liberación y después le dije que ordenara salir todos estos espíritus malignos de su casa y no volver. Después ella pidió que el Espíritu Santo entrara en ella a tomar los lugares donde estaban los espíritus malignos. También le dije que leyera el Salmo 18 en voz alta por toda la casa. Gloria a Dios, esos espíritus nunca volvieron.

El diablo tiene muchas otras armas y formas de engañar. Una es la Nueva Era, tan de moda hoy en día. Las librerías tienen estantes enteros sobre el tema. El diablo ha infiltrado y controla muchos aspectos de nuestra sociedad. Está capturando las mentes de las personas, especialmente de los pequeños, a través de su influencia en los cines, la T.V., nuevos juguetes, y juegos asociados con personajes de ocultismo.

Los pastores y buenos amigos míos, Ida Mae y Frank Hammond, en su nuevo libro titulado *"Manual de liberación*

*para los niños,"** tratan este tema. En los capítulos nue-
ve y diez, describen la batalla para capturar la imaginación de los niños y la infiltración de ocultismo en sus
programas de la T.V. y otros medios. El libro también explica cómo los niños con su imaginación se proyectan en
sus juguetes. Después, ellos desempeñan los papeles de
personas que hacen cosas mágicas, hipnotizan a otros, o
hablan con un hada invisible como espíritu guía.

Ministré una vez a un niño que tenía un amigo imaginario. El hacía un lugar para ese amigo en la mesa cuando comía. Nadie podía sentarse allí. El conversaba larga-
mente con su amigo imaginario. Tuvo que recibir liberación de ese espíritu engañador.

En muchos cines y videos para niños, tales como los
videos de Disney (Pocahontas, La cenicienta, el Rey
León, etc.), la hechicería y el ocultismo son glorificados
y aparecen aceptables e inofensivos. La mente de los
pequeños son torcidas a través de los juegos y juguetes
de Satanás. Entre los más populares son la tabla ouíja y
"Dragones y Calabozos" (Dungeons and Dragons). Animo al lector a conseguir el libro *"Manual de liberación
para los niños,"* para que pueda hacer una lista de todos
los juegos y juguetes nocivos. Limpie su casa de todos los
juegos y juguetes que tienen elementos de ocultismo.
Haga una pila de estos objetos y quémelos (Hechos
19:19).

Sugiero que pase por cada cuarto de su casa, leyendo
el Salmo 18 en su totalidad. Proclame después que la

---

*   Editorial Desafío, Apartado Aereo 29724, Bogotá, D.C.,
         Colombia

sangre de Jesús cubre todo, y ordene que salga todo Espíritu maligno que ha entrado en su casa a través de juguetes ocultistas, programas de televisión, videos y juegos. Ordénelos salir de usted y de su familia, en el nombre de Jesús. Pida que todos en su familia participen, que respiren profundamente, y exhalen. Después, todos pidan que el Espíritu Santo entre y llene los lugares donde estaban los espíritus inmundos.

Otra arma potente que utiliza Satanás contra nosotros es la ira. Porque es un tema tan importante y extenso, vamos a dedicarle un capítulo aparte.

Capítulo 9

Vencer la ira

*E*n el Salmo 37:8-9, el Señor nos ordena disciplinar-nos, y evitar la ira y otras emociones semejantes:

"Deja la ira, y desecha el enojo; no te excites en manera alguna a hacer lo malo. Porque los malig-nos serán destruidos, pero los que esperan a Jehová, ellos heredarán la tierra."

Otro versículo sobre este tema se encuentra en Efesios 4:26-27. Pablo declara:

"Airaos, pero no pequéis; no se ponga el sol sobre vuestro enojo, ni deis lugar al diablo."

En un entonces pensaba que la ira era solamente una emoción. Pues, sí, es una emoción, pero Pablo dice que si desobedecemos este versículo, podemos dar lugar al diablo, o sea, abrir una puerta para la entrada de espíri-tus malos. Pablo habla en tono de mandamiento, pero nosotros podemos escoger: obedecer, o dejar que nos manejen nuestras emociones.

Mi hermosa esposa Evelyn y yo, durante más de

sesenta y dos años de matrimonio, nunca tuvimos una disputa, sino que ¡tuvimos la III y IV Guerras Mundiales! Después de semejantes peleas, vestido con mi gran orgullo, me iba a la cama sin hacer las paces con mi esposa. ¿Por qué pedir disculpas? ¡El deber de ella era obedecerme! Pero al ejercer mi autoridad y al ser "rey" de mi casa, desobedecí la Palabra de Dios. ¿Qué debería hacer pues? Ir a mi esposa antes de acostarme y decirle "Mijita, lo siento mucho. Por favor perdóname. Vamos a orar a Dios sobre la situación." Pero al acostarme con ira en mi corazón, abrí una puerta al diablo. Le di la oportunidad de atacarme mientras dormía, y habría podido amanecer muy mal ya que un espíritu de ira puede abrir la puerta a los espíritus de furor, rabia, violencia y aun de homicidio.

La ira tiene dos lados. La persona que la recibe queda herida, especialmente si no tenía la culpa. Recibe abuso verbal. Por el otro lado, si la persona que demuestra la ira, lo hace en forma repetitiva, construye una fortaleza en su mente.

Para romper las fortalezas de ira, furor, rabia, mal genio, violencia, abuso verbal, boca desenfrenada y acusaciones a otros, es necesario arrepentirse y también perdonar a las personas.

Bendecir y no maldecir

Los médicos nos dicen que muchos de nuestros problemas físicos se deben al manejo que le damos al estrés. El subconsciente sólo puede aguantar cierta cantidad de presión de la ira, odio, amargura, y resentimiento. Cuando se derrama en nuestro cuerpo, muchas veces causa artritis, jaquecas, problemas del corazón, y otras enfermedades.

¿Alguna vez, ha escuchado a alguien decir "¡Pensé que si no decía lo que sentía, iba a explotar!"? No recomendamos tapar las emociones, ni tampoco darles rienda suelta, sino manejar los problemas como recomienda Pablo en Romanos 12:14-21:

> *"Bendecid a los que os persiguen; bendecid, y no maldigáis. Gozaos con los que se gozan; llorad con los que lloran. Unánimes entre vosotros; no altivos, sin asociándoos con los humildes. No seáis sabios en vuestra propia opinión. No paguéis a nadie mal por mal; procurad lo bueno delante de todos los hombres. Si es posible, en cuanto dependa de vosotros, estad en paz con todos los hombres. No os venguéis vosotros mismos, amados míos, sino dejad lugar a la ira de Dios; porque escrito está: Mía es la venganza, yo pagaré, dice el Señor. Así que, si tu enemigo tuviere hambre, dale de comer; si tuviere sed, dale de beber; pues haciendo esto, ascuas de fuego amontonarás sobre su cabeza. No seas vencido de lo malo, sino vence con el bien el mal."*

Aunque somos ciudadanos del Reino de Dios, estamos viviendo en el terreno del diablo. Aquí en la tierra nos inunda la corriente de pensamientos mundanos. Por ejemplo, la venganza es el tema de muchos cines y programas de televisión. No son ejemplos que debemos imitar, porque como cristianos, no pertenecemos a este mundo, aunque vivimos en él.

Como creyentes, no nos manejamos como los del mundo. La ira, el resentimiento, la amargura, y la venganza no deben estar en nuestro corazón, ni en nuestro vocabulario; debemos echarlos fuera en el nombre de Jesús.

Nuestro medidor de ira

Dentro de cada uno de nosotros, tenemos lo que yo llamo un "medidor de ira," que registra de uno a diez. Una pequeña frustración podría medir uno o dos en la escala. Cuando alguien nos ofende por palabra o hecho, ¿registramos cero o brinca el medidor a más de diez? Si se mueve de la posición de cero, el hombre o mujer espiritual lo devuelve a cero por el poder interior de Cristo.

El capítulo doce de Romanos termina con una palabra importante del Señor. Dice, *"Mía es la venganza, yo pagaré"*. Entonces, no deje que la ira le lleve a buscar la venganza; esto pertenece al Señor. Su tarea es perdonar. Dice la Palabra *"No seas vencido de lo malo, sino vence con el bien el mal."* La ira y la venganza son malas. Mantenga su medidor de ira en cero.

Hace muchos años, cuando yo era el panadero supervisor en Burdines de Miami, uno de mis empleados me atacó verbalmente sin causa. Pedí que el Señor le bendijera y que tomara control de la situación. El hombre se enfermó gravemente. Tuvo que ir al hospital. Nunca más volvió al trabajo.

¿Le han atacado sin causa? ¿Hay injusticia en este mundo? ¿No le escogieron para una tarea especial? ¿Escogieron a alguien menos capacitado, y usted en su ira recibió un espíritu de amargura pensando en la injusticia?

¡Mucho cuidado, hermano, cuando busca lo que cree se merece! Lo que merezco es ser enviado al infierno. Esto sería justo, a causa de mis pecados. ¡Gracias a Dios, que no recibimos lo que merecemos! ¡Gracias a Dios, que Él me da Su misericordia, en vez de lo que merezco!

Tal vez se enfade con su esposa porque ella no cambia.

Puede ser que se irrite con su vecino porque tiene una manada de gatos y estos ensucian su patio. El olor hace que no pueda abrir sus ventanas las noches calientes. Puede ser que se disguste con sus hijos porque recuerda sus cumpleaños y ellos nunca se acuerdan del suyo.

Es cierto, muchas veces nuestros más allegados son los que nos hieren más. Conozco un hermano que escribió muchos libros, incluyendo su autobiografía. Escribió sobre su niñez, y cómo su papá era iracundo y su mamá egoísta. El llevó su odio e ira en el corazón durante muchos años hasta que escuchó una enseñanza sobre el perdón. Entonces, perdonó a su mamá, y la invitó a pasar un invierno con él. Compartió en su libro que la relación con su papá y su mamá en su vejez fue de paz y amor. Dios obró un milagro.

Pero uno de sus hermanos leyó el libro y se llenó de ira y rabia que los secretos de la familia estuvieran expuestos al público. Sintió que el autor había traído deshonra y desgracia a la familia. Repudió a su hermano y lo declaró como muerto para él. Vez tras vez el autor pidió perdón a su hermano y trató de tener contacto con él, pero sin éxito. Mi amigo el autor finalmente le entregó todo a Jesús, y sencillamente ora por su hermano a diario.

Haga paz, no guerra

¿Hay dolor e injusticia en este mundo? ¡Sí! ¡Pero solo el Señor sabe lo que El puede hacer en situaciones así! Siempre tenemos esperanza. Hebreos 12:14-15 nos dice:

> *"Seguid la paz con todos, y la santidad, sin la cual nadie verá al Señor. Mirad bien, no sea que alguno deje de alcanzar la gracia de Dios; que*

> *brotando alguna raíz de amargura, os estorbe, y*
> *por ella muchos sean contaminados."*

La ira y la amargura van de la mano. Mayormente, donde se encuentra la una, se encuentra la otra. Este versículo no dice que uno pierde su salvación al airarse, sino quiere decir que algo ha entrado que contamina el templo de Dios, que nosotros somos. Esta raíz es diabólica, como puede ser la ira. Hay que echarlas fuera en el nombre de Jesús, tal como Jesús echó fuera del templo a los que lo contaminaban (Mateo 21:10-13).

Algunos esposas dicen, "Si no fuera por mi esposo, podría andar en el Espíritu." Hay esposos que podrían decir lo mismo en cuanto a su esposa. Examínese y vea si hay una raíz de amargura o espíritu de ira que necesita echar fuera de usted.

Como hablamos antes, la ira es una emoción y si no tratamos con ella, podemos dar lugar al diablo. Pablo también la describe como obra de la carne:

> *"Y manifiestas son las obras de la carne, que son:*
> *adulterio, fornicación, inmundicia, lascivia, idola-*
> *tría, hechicerías, enemistades, pleitos, celos, iras,*
> *contiendas... ya os lo he dicho antes, que los que*
> *practican tales cosas no heredarán el Reino de*
> *Dios."*   Gálatas 5:19-21

La frase clave es, "los que practican tales cosas no heredarán el Reino de Dios." La ira desenfrenada puede hacer que no entre en la tierra prometida, le hace pecar, y da lugar al diablo.

Nuestro Dios es un Dios de misericordia, sanidad, y perdón. No es como nosotros: El es lento para la ira. No nos ha tratado según merecen nuestros pecados.

Siempre nos da la oportunidad de arrepentirnos y volver a El.

Si se da cuenta que a veces la ira ha tomado control en su vida, y que existen ataduras, el Señor le quiere dar la libertad. Después de pedir perdón al Señor por haber tenido ira, amargura, mal genio, y demás actitudes, perdone a todos lo que lo han ofendido y causado causa esas actitudes. Cúbrase con la sangre de Jesús, y ordene que salgan de usted todo espíritu de ira, furor, rabia, mal genio, venganza, homicidio, falta de perdón, resentimiento, odio, irritación, celos, violencia, orgullo, frustración, amargura, y raíz de amargura, en el nombre de Jesús. Respire profundamente, y exhale. Después, pida que el Espíritu Santo entre en usted y tome los lugares donde estaban los espíritus inmundos que salieron.

En el próximo capítulo hablaremos sobre otra arma del enemigo: la soledad.

Capítulo 10

La soledad, algo mortal

$\mathcal{D}$ios lo dijo en el principio: Él no quiere que estemos solos. Él quiere tener comunión con nosotros y también quiere que tengamos comunión con otros. A la mayoría de las personas, Él da un cónyuge, como hizo con el primer hombre, Adán. Dijo: "Le haré ayuda idónea para él," y reveló Su plan para el matrimonio: *"Dejará el hombre a su padre y a su madre, y se unirá a su mujer, y serán una sola carne."* (Génesis 2:24). Dios también quiere que lleguemos a ser parte del cuerpo de Su Hijo, Jesús, y que conozcamos nuestra función allí. 1 Corintios 12:12 dice:

> *"Porque así como el cuerpo es uno, y tiene muchos miembros, pero todos los miembros del cuerpo, siendo muchos, son un solo cuerpo, así también Cristo."*

Juan 17:20-22 tiene la oración de Jesús al Padre:

> *"Mas no ruego solamente por estos, sino también por los que han de creer en Mí por la palabra de ellos, para que todos sean uno; como Tú, oh Padre,*

*en Mí, y yo en Ti, que también ellos sean uno en
nosotros; para que el mundo crea que Tú me en-
viaste. La gloria que Me diste, Yo les he dado,
para que sean uno, así como Nosotros somos uno."*

Dios está buscando la unidad. Si nos desviamos de la
unidad, con otros y con Él, y tratamos de depender de
nosotros mismos, sin tener comunión con nadie, podemos abrir la puerta a la soledad.

Hay mucha gente que siente la soledad en este mundo. Uno los mira y les sonríe y ellos también sonríen pero
dentro de sus corazones, están buscando la unión y comunión que no tienen.

Hay personas en la Biblia que sintieron la soledad, y
nos dejaron su testimonio. Un ejemplo es David. Salmo
102:1-7 dice:

*"Jehová, escucha mi oración, y llegue a Ti mi
clamor. No escondas de mí Tu rostro en el día de
mi angustia; inclina a mí Tu oído; Apresúrate a
responderme el día que Te invocare. Porque mis
días se han consumido como humo, y mis huesos cual tizón están quemados. Mi corazón está
herido, y seco como la hierba, por lo cual me
olvido de comer mi pan. Por la voz de mi gemido
mis huesos se han pegado a mi carne. Soy semejante al pelícano del desierto; soy como el buho
de las soledades; velo, y soy como el pájaro soli-
tario sobre el tejado."*

Aquí tenemos una descripción de la soledad y del lloro
del afligido. David está abrumado de dolor y derrama su
angustia delante de Dios. ¿Cuántas veces hemos clamado
también así, o pasado una noche llorando y diciéndole al
Señor, *"Señor, escucha mi oración, y llegue a Ti mi clamor?"*.

Jesús también enfrentó la soledad y el rechazo. "A lo suyo vino, y los Suyos no le recibieron." Pero Jesús nunca estaba solo. Él es uno con el Padre. El Padre estaba siempre con Él. En Juan 16:32, Jesús dijo,

> *"He aquí la hora viene, y ha venido ya, en que seréis esparcidos cada uno por su lado, y Me dejaréis solo; mas no estoy solo porque el Padre está conmigo."*

Vemos otro cuadro de Jesús cuando estuvo en la cruz, y clamó, "Dios Mío, Dios Mío, ¿por qué Me has desamparado?" Jesús se sintió desamparado y solo. Lo que pasó fue que Dios Padre había volteado Su rostro de Su amado Hijo, porque Jesús llegó a ser pecado en la cruz; con su pecado y mi pecado.

Tenemos que recordar que Jesús experimentó todo lo que sufrimos aquí en la tierra. Venció sobre todas las tentaciones y problemas que una persona aquí pudiera experimentar. Por Su sangre derramada en la cruz, nos dio victoria sobre todo pecado, enfermedad, dolor, demonios, soledad y muerte. Resucitó de los muertos y nos abrió la puerta al cielo. Está a la diestra del Padre como nuestro único Mediador.

Entonces, la soledad es algo que grandes hombres de Dios han sentido. El Señor Jesús fue tentado por la soledad y la venció. Dios quiere protegernos, al unirnos a un cuerpo, el cuerpo de Cristo. Tenemos que trabajar para unirnos e involucrarnos con otros y rechazar la tentación de separarnos. Tenemos que pedir al Señor, "Padre, ¿dónde quieres que yo funcione y pueda tener comunión?" Los esposos tienen que mantener su unión y no dejar que los disgustos, la ira, las contiendas, los celos u otras cosas los separen.

La estrategia del diablo es dividir, separar y llevar a las personas a la soledad. Mucha gente cada año muere como consecuencia de la soledad. Cuando un espíritu de soledad toma control de la persona, abre la puerta para que otros espíritus entren, como la depresión, auto-con-miseración, desánimo, desespero, "nadie me quiere", deseos de morir, suicidio, y muerte. Note la progresión: Empieza con la soledad, y esto puede llegar al punto de conducir a la muerte.

Mucha gente ha tenido un buen matrimonio, pero ha dejado que el diablo le meta sugerencias. El dice, "No tienes que estar dentro de un matrimonio. Puedes buscar una mujer más joven e ir a vivir con ella," o "deja a tu esposo y vive una vida libre y feliz. ¡Sólo vives una vez!" Muchos han caído en la trampa del diablo y después han abierto la puerta a espíritus de soledad.

El rechazo puede abrir la puerta a la soledad también. Una vez estaba orando por personas en una fila de oración y una señora preocupada me preguntó, "Pastor, por favor míreme a los ojos a ver si hay algo malo en mí." Algunas personas piensan que en cualquier momento puedo ver en sus ojos los demonios que tienen dentro, por un don del Espíritu Santo. Pero no es así. Sólo cuando el Espíritu Santo me guía, puedo discernir cuáles espíritus malos pueden haber. Pero cuando esta hermana me preguntó, le dije: "Hermana, usted tiene un espíritu de rechazo y de soledad." Ella confesó que sí, sentía soledad.

Si ella hubiera tenido seguridad en Jesús, no me habría preguntado así, sino que habría tenido fe y confianza en Él, sabiendo en lo profundo de su corazón cuánto le amaba Jesús.

En otra ocasión, una persona me dijo, "¿Por qué no me ama como ama a los demás? Usted pone cuidado a otros, pero a mí, no." ¿Qué estaba pasando en este caso? Otra vez la soledad tenía sus raíces en el rechazo. El rechazo atrae rechazo. Esta persona proyectaba a otros lo que tenía dentro, y lo recibía a su vez. Si ella hubiera abierto sus brazos a otros, sembrando seguridad y amor, lo habría recibido de regreso. Necesitaba haber determinado en su corazón no escuchar las mentiras de Satanás, especialmente cuando le decía que no necesitaba ir a la iglesia, sino que podía escuchar un buen predicador por televisión en su casa. El diablo hace todo lo que pueda para aislarnos y separarnos del cuerpo de Cristo.

A causa de la soledad, muchas personas han recibido un espíritu familiar, como casos de señoras que piensan que su esposo muerto les ha vuelto a visitar, o un niño que a causa de la soledad ha encontrado un "amigo imaginario." Es necesario guiar a la persona o niño a rechazar al espíritu familiar, y recibir liberación.

Quiero compartir una experiencia que tuve con una señora con un espíritu familiar. Una noche muy tarde llegaron a mi puerta dos señoras y un hombre. El hombre, Juan, pidió ayuda para la amiga de ellos, llamada María. Hacía ocho años, la mejor amiga de María había muerto en sus brazos y María había gritado "¡No te dejaré ir!" María ahora creía que el espíritu de su amiga, Dorotea, ya vivía en ella, y así ella nunca estaba sola. María dijo que Dorotea le decía con quien dormir, a donde ir y que hacer. También le había sugerido a María se matara para que pudieran estar unidas para siempre.

Traté de convencer a María de renunciar a ese espíritu maligno que se llamaba Dorotea y echarlo fuera en el nombre de Jesús. Entonces, el espíritu "Dorotea" tomó control y no dejaba hablar a María. Le expliqué a María que no era el espíritu de Dorotea sino un espíritu maligno imitando la voz de Dorotea.

No era Dorotea, porque cuando una persona muere, su espíritu vuelve a Dios (Eclesiastés 12:7) y no vuelve aquí porque "está establecido para los hombres que mueran una sola vez, y después de esto el juicio," (Hebreos 9:27).

Animé a María a reconocer a Jesucristo como su Señor y Salvador, y que luchara contra el espíritu familiar que se hacía pasar por Dorotea, y echarlo fuera. María rehusó recibir la verdad. Dijo, "No lo haré. No importa lo que hay, lo quiero. Es mi mejor amiga." Entonces les dije a María y la pareja, que no podía ayudarle, porque María no quería renunciar al espíritu malo. María tenía que usar su voluntad y escoger a Jesús con Su perdón y liberación, o al espíritu malo. Ella escogió seguir atada.

Si hemos recibido a Jesucristo como nuestro Señor y Salvador, las Escrituras dicen que nos hizo sentar en los lugares celestiales con Él (Efesios 2:6). La obra redentora de Cristo ha hecho que sea posible ganar la victoria total sobre la soledad, la depresión, el desespero y aun sobre la misma muerte. Jesús nos mostró el camino. Él dijo, "Venid en pos de Mí." Nos podemos proponer en nuestro corazón y declarar: "No estaré solo. Me uniré a la familia de Dios y buscaré mi lugar en el cuerpo de Cristo. Buscaré a Dios en Su Palabra. Le pediré ayuda idónea. Y aún si no me concede una, nunca dejaré la familia de Dios"

Y recuerde siempre, los que le hemos aceptado somos

uno con Él. Tenemos al Dios viviente viviendo dentro, que es Dios el Espíritu Santo. Somos templo del Espíritu Santo y tenemos la evidencia de Su grande poder obrando a través de nosotros. Podemos hablar el idioma del Espíritu Santo. Entonces, sabemos que no tenemos que estar solos.

Si necesita liberación de los espíritus nombrados arriba y si ha seguido los pasos nombrados al final del capítulo cinco, puede cubrirse de nuevo con la sangre de Jesús y ordenar que salga todo lo que le está atando. Ore así:

"Ahora ordeno salir de mí todos los espíritus de soledad, pesadez, depresión, rechazo, auto-conmiseración, desespero, derrota, inseguridad, deseos de morir, suicidio, el espíritu de muerte y todos los espíritus afines, en el nombre de Jesús."

Respire profundamente, y exhale. Recuerde que los espíritus malos salen en el aliento (Marcos 1:23-26). Después, pida que entre el Espíritu Santo y llene los lugares donde estaban los espíritus malignos.

Capítulo 11

Apropiarse de la Sangre de Jesús

*"Y Moisés convocó a todos los ancianos de Is-
rael, y les dijo: Sacad y tomaos corderos por
vuestras familias, y sacrificad la pascua. Y to-
mad un manojo de hisopo, y mojadlo en la sangre que estará en un lebrillo, y untad el dintel y
los dos postes con la sangre que estará en el
lebrillo; y ninguno de vosotros salga de las puertas de su casa hasta la mañana. Porque Jehová
pasará hiriendo a los egipcios; y cuando vea la
sangre en el dintel y en los postes, pasará Jehová
aquella puerta, y no dejará entrar al heridor en
vuestras casas para herir."* Exodo 12:21-23

*C*omo creyentes, necesitamos aprender más sobre el
poder de la preciosa sangre de Jesús, El que a nuestro favor llegó a ser el Cordero de Dios. A veces, alguien
dice, "No hable de la sangre de Jesús." Entonces, sé que
esa persona necesita liberación de algo que no quiere
escuchar sobre la sangre de Jesús.

La vida de la carne está en la sangre (Levítico 17:11)
y la sangre de Jesús fluye a través de Su cuerpo. Como
somos el cuerpo de Cristo, entonces espiritualmente

hablando, la misma sangre fluye en nosotros y aun en nuestros cuerpos. La sangre de Jesús vivifica con poder. No sólo debemos ser cubiertos con Su sangre, sino también debemos apropiarla por dentro. Esta apropiación de la sangre de Jesús por dentro y por fuera dará vida a la persona, a su familia, y también a los demás creyentes.

> *"Porque si la sangre de los toros y de los machos cabríos, y las cenizas de la becerra rociadas a los inmundos, santifican para la purificación de la carne, ¿cuánto más la sangre de Cristo, el cual mediante el Espíritu eterno se ofreció a Sí mismo sin mancha a Dios, limpiará vuestras conciencias de obras muertas para que sirváis al Dios vivo?"*   Hebreos 9:13-14

La sangre de Jesús no es una sustancia muerta. No se secó cuando cayó a tierra en el Calvario. Como Él vive, también vive Su sangre, activada por el Espíritu Santo. Más y más en mi ministerio, al orar por la gente, me he apropiado de la preciosa sangre de Jesús, sea para sanidad o para liberación.

Una vez, cuando mi esposa y yo ministramos en La Comunidad de Fe en Cali, Colombia, una señora de unos cuarenta años nos buscó para que oráramos por ella. Los médicos le habían dicho que sólo tenía dos meses más de vida. Tenía cáncer en los huesos y mucho dolor. Oré de esta manera: "Padre, haz que ella reciba una transfusión de la preciosa sangre de Jesús en la médula de sus huesos. Haz que se mezcle con su sangre, pasando a través de cada hueso de su cuerpo y la sane.

Después, le pregunté, "¿Dónde tiene el área de más dolor?" Ella señaló las caderas. Pedí permiso para poner manos sobre sus caderas, y ella indicó que sí. Observé su cara, y ella empezó a sonreír. Le dije, "¿Estás recibiendo la sanidad, no es cierto?" Ella indicó "Sí." La sangre de Jesús pasó por cada uno de los huesos de su cuerpo, todo dolor desapareció, y recibió sanidad. ¡Alabado sea el Señor!

Cuando dicto un seminario sobre liberación, siempre me cubro a mí mismo y a la congregación, con la sangre de Jesús, antes de empezar a ordenar salir los demonios de la gente. Una vez en Bogotá, Colombia, en medio de una enseñanza, un joven de repente se levantó de su silla y caminando hacia mí, empezó a empujar a las personas, tirar sillas y gritar que me iba a matar. Cuando llegó cerca de la plataforma, levanté mis manos hacía él y le dije, "Pongo la sangre de Jesús entre nosotros." Con esto, él cayó al suelo, y yo ordené salir de él los espíritus de adoración al diablo, de brujería, de homicidio, de violencia, y el espíritu del anticristo. El trasbocó y tosió y los espíritus malos salieron de él. Después, mi yerno Tomás le guió a Cristo como su Señor y Salvador. En una reunión posterior, nos dijo que había quemado todos sus libros sobre adoración al diablo y hechicería.

Familia, no existe persona que no reciba ataque contra su vida por las fuerzas de las tinieblas. Tenemos que pelear contra el enemigo como Dios lo ha mostrado y con las armas que Él nos ha dado, por medio de la cruz del Calvario, donde Jesús derramó Su sangre.

Cuando el enemigo viene como un río, aplico la sangre de Jesús y me paro sobre preciosas promesas de Dios. Si nuestro "río" es enfermedad, finanzas, preocupación, depresión, drogas, lujuria, u otra clase de ataque del enemigo, la sangre de Jesús y el nombre de Jesús lo vencerá y nos dará la victoria.

Puede ser que algunos de ustedes pasen por problema tras problema y parece que no hay fin al sufrimiento. Pero reprendan al diablo. Apliquen la sangre de Jesús a la situación. Acérquense a Dios y Él se acercará a ustedes, (Santiago 4:7-8).

En estos últimos días, cuando parece que la guerra se intensifica, necesitamos apropiar más y más la sangre de Jesús. La Biblia nos dice que en los últimos días, la gente llegará a ser más impía. Vemos un aumento de homosexualidad, drogadicción, pornografía, sexo pervertido, adoración al diablo, hechicería, violencia y toda otra clase de pecado. Parece que estamos en un combate intenso, mano a mano, contra el enemigo de nuestras almas; pero gloria a Dios, tenemos la respuesta para todo esto. Vencemos a Satanás por la sangre del Cordero y la palabra de nuestro testimonio (Apocalipsis 12:11).

Tenemos también otras armas, como vimos antes. Dios nos ha equipado con la espada del Espíritu, la Palabra de Dios: "Envió Su palabra, y los sanó, y los libró de su ruina," (Salmo 107:20). También, Jesús nos ha dado plena autoridad, como leemos en Lucas 10:19:

> *"He aquí os doy potestad de hollar serpientes y escorpiones, y sobre toda fuerza del enemigo, y nada os dañará."*

Tenemos el Todopoderoso nombre de Jesús. El dijo que en Su nombre podemos echar fuera demonios, sanar a los enfermos y pedir todo al Padre. Una vez, mientras hablaba sobre el poder de la sangre de Jesús en una reunión en un hogar, de repente una señora de unos 70 años empezó a llorar, "¡Mi corazón!, ¡Mi corazón! No me hable más sobre eso. No lo soporto. Mi corazón no lo soporta." Al principio, pensé que la señora estaba sufriendo un ataque al corazón y que yo sería el culpable. Pero el Señor entonces me recordó la cita de Lucas 10:19. Entonces, tomé la autoridad que Dios me ha dado en Su Palabra, y en el nombre de Jesús, mandé a ese espíritu y a todos los demás espíritus que no querían que habláramos de la sangre de Jesús salir de la señora. Ella eructó fuertemente y quedó libre. Seguimos la charla sobre la preciosa sangre de Jesús y la señora tuvo paz desde ese momento. ¡Gloria al Cordero de Dios!

Es bueno que diariamente nos coloquemos toda la armadura de Dios que Pablo describe en Efesios 6:11-18: el yelmo de salvación, la coraza de justicia, ceñido con el cinto de verdad, en los pies el apresto del evangelio de la paz, el escudo de la fe para apagar todos los dardos de fuego del maligno y la espada del Espíritu, que es la Palabra de Dios. También tenemos el arma de orar con toda oración y súplica por todos los santos.

Después de cubrirse con la sangre de Jesús y poner toda la armadura de Dios, ya está listo para hacer guerra contra el enemigo de su alma. Recuerde apropiarse de la preciosa sangre de Jesús como el Espíritu Santo le guíe en su oración por sanidad o liberación. No hay nada más poderoso que Su preciosa sangre.

Capítulo 12

Una mente sana, sin temor

"*P*orque no nos ha dado Dios espíritu de cobardía, sino de poder, de amor, y de dominio propio,*" 2 Timoteo 1:7. Cuando Dios habla a Su pueblo, parece que el mismo mensaje corre a través de todo el cuerpo de Cristo. Creo que Dios nos está llamando a un nuevo entendimiento de la Persona del Espíritu Santo. Muchas veces lo llamamos la tercera Persona de la Trinidad, o del Dios Trino: Padre, Hijo, y el Espíritu Santo. Pero en realidad, no nos hemos concentrado verdaderamente en la Persona del Espíritu Santo.

Jesús dijo en Juan 16:13-14,

> *"Pero cuando venga el Espíritu de verdad, El os guiará a toda la verdad; porque no hablará por su propia cuenta, sino que hablará todo lo que oyere, y os hará saber las cosas que habrán de venir. El me glorificará; porque tomará de lo mío, y os lo hará saber."*

El Espíritu Santo nos advierte sobre el error, y nos guía a la verdad, porque El es el Espíritu de verdad. El es el Espíritu del Padre, y El es el Espíritu de Jesús. Su propósito a venir a morar en nosotros es el de glorificar a

Jesús y hacernos como El. Sin embargo, uno de los obstáculos para recibir Su guía y escuchar Su voz es el temor. El temor y el miedo estorban nuestro recibir de Dios, de caminar en Su reino como vencedores, y de crecer en El. Muchas veces, el temor es la montaña que se levanta en nuestro camino.

En 2 Timoteo 1:6, Pablo le pidió a Timoteo que recordara lo sucedido cuando le impusieron las manos para recibir el bautismo del Espíritu Santo. Pablo dice, *"Oye, Timoteo, aviva los dones que recibiste del Espíritu Santo."* Después Pablo sigue diciendo en el versículo 7, *"Porque no nos ha dado Dios espíritu de cobardía, sino de poder, de amor, y de dominio propio,"* recordando a Timoteo que el Espíritu Santo es Dios. El es el Consolador. El es la Verdad. Y es esta clase de Espíritu que Timoteo había recibido.

Las Escrituras también nos hablan del Espíritu Santo, como cuando Jesús dijo en Juan 14:16-18,

> *"Yo rogaré al Padre, y os dará otro Consolador, para que esté con vosotros para siempre: el Espíritu de verdad, al cual el mundo no puede recibir, porque no Le ve, ni Le conoce; pero vosotros Le conocéis, porque mora con vosotros, y estará en vosotros. No os dejaré huérfanos; vendré a vosotros."*

Al continuar en este estudio, observemos cuántas veces Dios dice que nos dará algo o hará algo a nuestro favor. Constantemente nos está dando, dando, dando. Dios es un Dios dador. ¿Qué clase de Espíritu nos dará Dios? Nos dará Su Espíritu, el mismo Espíritu que El sopló en Adán, el mismo Espíritu que dio a los profetas antiguos, y el mismo Espíritu de Jesucristo.

El, el Espíritu Santo, es Dios. El no es "algo," sino que es una Persona. El es otro Consolador. Jesús era el primer Consolador; cuando anduvo aquí en la tierra, El consolaba a la gente cuando sanaba a los enfermos, levantaba a los muertos, y echaba fuera demonios. Donde fuera, Jesús daba consuelo a las personas. Después, Jesús dijo "Vuelvo a Mi Padre, pero les enviaré otro Consolador."

Jesús, en Su cuerpo humano, sólo podía estar en un lugar a la vez. Pero el Espíritu, el Consolador, puede estar con nosotros, y dentro de nosotros, en todo lugar, en todo tiempo siempre. Y como en ese tiempo Jesús sanaba a los enfermos, consolaba a los tristes y enlutados, y liberaba a los cautivos, todavía lo hace hoy, a través del poder del Espíritu Santo que vive en cada creyente.

Como Pablo recordó a Timoteo, lo que le sucedió con la imposición de manos sobre él, también nos recuerda la clase de Espíritu que recibimos cuando fuimos bautizados en el Espíritu Santo. Así, debemos usar lo que nos ha sido dado. No debemos mirar tanta televisión, sino recordar cómo El nos llenó del amor de Dios, y con cuánto fervor levantabamos nuestras manos para adorarle y alabarle.

Pablo le dijo a Timoteo, "No temas. No te dé temor testificar a la gente que has recibido el Consolador. El Consolador no te ha dado temor." Pablo nos dice lo mismo a nosotros hoy. Muchas veces, tenemos temor: tememos por nosotros mismos, por nuestros seres queridos, y nos preocupamos, aunque es cierto que la preocupación nunca ha cambiado nada. La preocupación es temor, y el temor demuestra falta de fe en la Palabra de Dios. Pablo dice que lo que no es de fe es pecado (Romanos 14:23).

Hay dos clases de temor: un temor natural, y un temor maligno. Toda persona experimenta esto. Recuerdo cuando mi esposa, hija, y nieta fueron involucrados en un horrible accidente. La voz en el teléfono dijo, "Sr. Marzullo, debe darse prisa, están llevando a su esposa al Hospital Halifax." Un temor maligno me cogió cuando oí esto, pero inmediatamente el Espíritu Santo dentro de mí vino en contra de este temor, y dije, "Tú, espíritu maligno de temor; tú espíritu de destrucción; tú, espíritu de muerte, todos ustedes tienen que salir en el Nombre de Jesús."

Es interesante notar que en Apocalipsis 21:8, son los temerosos los primeros que serán echados en el lago de fuego:

> *"Pero los cobardes e incrédulos, los abominables y homicidas, los fornicarios y hechiceros, los idólatras y todos los mentirosos tendrán su parte en el lago que arde con fuego y azufre, que es la muerte segunda."*

La Palabra de Dios junta los cobardes (temerosos) e incrédulos con los fornicarios y hechiceros, idólatras y mentirosos, pero son los cobardes los primeros en recibir el castigo. Dios quiere valor, no quiere cobardía. Quiere héroes según los ejemplos bíblicos. Quiere que seamos verdaderos héroes.

A veces, pensamos lo negativo y hablamos lo negativo. Debemos tener cuidado de lo que pensamos y decimos. Job 22:28 declara, "Determinarás asimismo una cosa, y te será firme," y Job 3:25 dice *"Porque el temor que me espantaba me ha venido, y me ha acontecido lo que yo temía."* El temor es tormento, y el Consolador no nos da tormento. Mayormente, el temor es demoniaco.

Cuando Dios visita Su pueblo, El sabe que tememos manifestaciones sobrenaturales, de modo que siempre empieza con las palabras suaves, "No temas." Por ejemplo, "María, no temas . . . ." "Daniel, no temas . . . ." "Josué, esfuérzate y sé valiente . . . no temas ni desmayes . . . no te dejaré, ni te desampararé."

Dios me dijo, "Frank, no temas tomar un paso de fe. Deja tu panadería y sígueme. Yo cuidaré de ti y de tu esposa, no temas. Sé mi evangelista y nunca te dejaré ni te desampararé. No te dejaré huérfano." Dios constantemente le dice esto a Su pueblo, pero tenemos que escucharle. Si somos justos delante de Dios, ¿quién contra nosotros? David tiene una palabra para nosotros en el Salmo 3:6, *"No temeré a diez millares de gente, que pusieren sitio contra mí."* ¿No podemos decir lo mismo? Debemos hacerlo porque el Salmo 23:5 dice que Dios adereza mesa delante de nosotros aún un presencia de nuestros angustiadores.

David también dijo en el Salmo 27:1-3, *"Jehová es mi luz y mi salvación; ¿de quién temeré?"* ¿Es el Señor realmente su luz y salvación? Entonces, *¿de quién tener temor?* En el versículo dos, David continua, "Cuando se juntaron contra mí los malignos, mis angustiadores y mis enemigos, para comer mis carnes, ellos tropezaron y cayeron." ¿Quiénes son sus enemigos? Son las enfermedades: artritis, cáncer, ataques al corazón, o cualquier otra cosa que quiere consumir su cuerpo. Estos enemigos están condenados a tropezar y caer, según la Biblia. Cuando ocurren accidentes, buscamos del Señor Su protección, Su sanidad, y Su obra de reconstruirnos. Lo que El creó, puede volver a hacerlo de nuevo.

David prosigue, *"Aunque un ejército acampe contra*

mí, no temerá mi corazón; aunque contra mí se levante guerra, yo estaré confiado." Yo estaré confiado; esta es la clave. ¿En qué confiaré y en quién? Mi confianza estará en El. Creeré que El es quien dice ser, y que hará lo que ha prometido hacer. Estaré confiado que el Señor es mi luz y mi salvación; y no importa cuán profundo el hoyo sea , El me sacará de allí. Tenemos que recordar que todas las cosas ayudan a bien a los que aman a Dios, a los que conforme a Su propósito son llamados (Romanos 8:28). Tenemos que confiar en todo esto, no en nosotros mismos. No confiamos en nuestra carne, sino en El, y que en El somos más que vencedores.

En el Salmo 40:2, David dice, *"Me hizo sacar del pozo de la desesperación, del lodo cenagoso; puso mis pies sobre peña, y enderezó mis pasos."* Ahora, ¿quién es la Peña, la Roca, donde se han puesto mis pies? La Roca es Jesús. El va a guiar sus pasos. Usted oirá una voz diciendo, *"Este es el camino; ande en él."* Su voz es muy suave, un susurro, que guía por donde andar. Recordemos que El establece nuestro camino, ¡alabado sea Su nombre! ¿Por qué lo hace? La respuesta se encuentra en el Salmo 91:14-16. El Salmo 91 está lleno de las promesas de Dios, y se escribe como nuestro Padre Dios que habla directamente a nosotros. Los versículos 1 al 13 dicen lo que Dios hará a nuestro favor, y el versículo 14 da la razón, *"Por cuanto en Mí ha puesto su amor."* Los versículos que siguen mencionan todas las cosas Dios hará a nuestro favor. Y cuando Dios dice que hará algo, lo hace. Porque Le amamos, El nos librará de ataduras, y nos sentará en lugares celestiales. Cuando oramos, nuestras oraciones recibirán respuestas. En medio de nuestras luchas, El nos consolará y nos mostrará la salida. Nos honrará, nos satisfará con larga vida, y nos mostrará los tesoros que tenemos en la tierra y en el cielo, como participantes de Su salvación.

Con todas estas promesas, ¿por qué temer? Como El no nos dio espíritu de cobardía, ¿qué clase de espíritu nos dio? Pablo nos dice que nos dio Espíritu de poder, de amor, y de dominio propio (una mente sana). Examinemos estas características del Espíritu Santo con más detenimiento.

1. El Espiritu Santo es un Espiritu de Poder

Jesús dijo en Hechos 1:8,

> *"Pero recibiréis poder, cuando haya venido sobre vosotros el Espíritu Santo, y me seréis testigos en Jerusalén, en toda Judea, en Samaria, y hasta lo último de la tierra."*

Recibirá poder para testificar. En Jerusalén quiere decir entre su familia, sus amigos, y su ciudad.

Recuerde que siempre ministrará con el mismo espíritu que reina en su hogar. Su hogar tiene que estar en orden divino primero. Si existe rebelión en su hogar, si su hogar no está bajo la dirección de Dios, usted ministrará con espíritu equivocado. En cambio, si su hogar está en el orden Divino, podrá ministrar en el poder del Espíritu Santo, hablará la Palabra creadora de Profecía, y hablará Su Palabra con denuedo en medio de su Jerusalén y su Judea. Dios aun puede llevarle a lo último de la tierra, como ha hecho con mi esposa y yo.

> *Jesús dijo, "He aquí os doy potestad de hollar serpientes y escorpiones, y sobre toda fuerza del enemigo, y nada os dañará,"*   Lucas 10:19

Tenemos poder sobre todas las fuerzas de oscuridad

en Su poderoso Nombre. Pero tenemos que usar este poder que hemos recibido en Su Nombre. Jesús dijo en Juan 14:12,

> *"El que en Mí cree, las obras que Yo hago, él las hará también; y aun mayores hará, porque Yo voy al Padre."*

¿Cómo hacemos estas obras mayores? Por medio del Espíritu Santo que está dentro de nosotros. Jesús tenía esto en mente cuando dijo "Yo voy al Padre, pero os enviaré otro Consolador, que estará con vosotros y en vosotros."

Tenemos el poder en Su nombre para decir, "Espíritu inmundo de temor, véte en el nombre de Jesús. Tú, espíritu de adicción; tú, espíritu de nicotina; tú, espíritu de alcohol; espíritu de enfermedad, (y todo otro demonio): fuera, en el nombre de Jesús. Uno puede mandar salir los demonios en el nombre de Jesús, y por el poder y la autoridad en Su maravilloso nombre, ellos tienen que salir. Alen Critchet, el esposo de mi nieta María, trabajaba como misionero en las Filipinas. Algunos de los pueblos allí adoraban un ídolo, y el poder del diablo hacía mover su imagen. Alen estaba en un lugar peligroso, y varios misioneros habían sido asesinados en ese lugar. Sin embargo, él habló a la imagen, ordenando que dejara de moverse, en el nombre de Jesús. Así pasó, y viendo el poder del Señor Jesús, centenares de almas se convirtieron a Cristo. Todo creyente tiene este poder en Su precioso nombre, pero no lo usamos porque somos tímidos. Por eso, Pablo le dijo a Timoteo, "Timoteo, no seas tímido. Dios no te dio esa clase de espíritu."

El poder viene a través de la oración, cuando oremos en el Espíritu. Pero hay veces cuando tenemos que tratar con la carne, crucificándola. Para los que tienen este problema, sugiero la oración de Pablo en Efesios 3:16:

> *"para que os dé, conforme a las riquezas de Su gloria, el ser fortalecidos con poder en el hombre interior por Su Espíritu."*

2. Hemos recibido un Espíritu de Amor

> *"Porque de tal manera amó Dios al mundo, que ha dado a Su Hijo unigénito, para que todo aquel que en El cree, no se pierda, mas tenga vida eterna."* Juan 3:16

Aquí vemos el acto más grande posible de amor. El dio Su Hijo unigénito. El Espíritu del Padre es amor; el Espíritu de Jesús es amor; el Espíritu Santo es amor. El vive en nosotros, y nos da la capacidad de amar como El ama: primero para amar al Padre, al Hijo, y al Espíritu Santo, y después, amamos a la gente.

Es solo por medio de Su Espíritu Santo dentro de nosotros que podemos amar a los demás. Es fácil amar a Dios, sin problema. Pero si somos honestos delante de Dios, tenemos que confesar que hay personas que no queremos. Hay personas que son difíciles. Pero Dios las ama, y El quiere que las amemos también. El hombre natural no puede hacerlo, pero por medio del poder del Espíritu Santo, sí, lo podemos hacer. Podemos decir, "Señor, ayúdame a amar a esa persona como Tú la amas. Por favor pon Tu amor hacia esa persona, en mí." El nos dará el don que pedimos, la capacidad de amar a quien es difícil amar. Tal como el don de fe es de Dios, así también es el don de amor. No puedo amar en verdad, sin el poder del Espíritu Santo que obra dentro de mí.

Pablo dice en 1 Corintios 13:13, *"Y ahora permanecen la fe, la esperanza y el amor, estos tres; pero el mayor de ellos es el amor."* Dios me amó tanto como para limpiarme de mis pecados y hacerme heredero de El. El me amó tanto que cuando mi esposa y familia sufrieron graves heridas en ese accidente de carro, los sacó de la mano de la muerte y me los devolvió. ¡Alabado sea Dios! Aunque no merezco nada, Él me escogió, y ahora me usa. ¡Gracias, Señor Jesús! Yo sé que Él me ama.

Pablo también oró por los creyentes en toda parte *"que habite Cristo por la fe en vuestros corazones, a fin de que, arraigados y cimentados en amor, seáis plenamente capaces de comprender con todos los santos cuál sea la anchura, la longitud, la profundidad y la altura, y de conocer el amor de Cristo, que excede a todo conocimiento,"* (Efesios 3:17-19). Dios quiere que conozcamos todo sobre Su Reino: la anchura del Reino, la longitud y profundidad del Reino, cómo vivir en el Reino, y cómo amar a los del Reino. Pablo nos enseñó, *"andad en amor, como también Cristo nos amó, y se entregó a Sí mismo por nosotros, ofrenda y sacrificio a Dios en olor fragante,"* (Efesios 5:2). Así es como Dios quiere que hagamos. Esta es la madurez, y el Espíritu Santo nos ayudará a hacerlo. Entonces, podremos decir como dijo Juan, *"Y nosotros hemos conocido y creído el amor que Dios tiene para con nosotros. Dios es amor; y el que permanece en amor, permanece en Dios, y Dios en él,"* (1 Juan 4:16).

¿Puede imaginarse el amor tierno del Espíritu Santo cuando El entró en esa tumba con la gloria de Dios, y cariñosamente recogió a Jesús en Sus amorosos brazos y declaró que la muerte no tenía más poder sobre El?

¿Puede imaginarse el amor que el Espíritu Santo tiene hacia el Señor Jesús? Era el Espíritu Santo que concibió Jesús. ¡Cuán grande es el amor que existe entre el Padre y Jesús, y entre Jesús y el Espíritu Santo! Este grande amor se demuestra en Su unidad. El Espíritu Santo, con la gloria de Dios, entró en la tumba y resucitó el cuerpo mortal de Jesús con Su grande amor. Y es así como El nos ama también.

Pablo nos dice en Romanos 8:11, *"Y si el Espíritu de Aquel que levantó de los muertos a Jesús mora en vosotros, El que levantó de los muertos a Cristo Jesús vivificará también vuestros cuerpos mortales por Su Espíritu que mora en vosotros."* El Espíritu Santo es poder y amor. El vivificará nuestros cuerpos mortales porque nos ama. Y el Espíritu Santo es más que amor. El es gozo, paz, paciencia, benignidad, bondad, fe, mansedumbre, templanza, y más. Por medio de El, nosotros también podemos tener Su carácter. El suplirá mucho más abundantemente de lo que pedimos o imaginamos. El es el Espíritu de Vida, y sin El para dirigir nuestro camino, no podemos ir adelante. Es imposible ser cristiano sin el poder y el amor del Espíritu Santo que opera en nosotros.

3. Hemos recibido el Espíritu de una mente sana (dominio propio)

Dios sabe que cuando entramos en Su Reino, la batalla más grande que tenemos que pelear es la batalla por la mente. Es una batalla diaria, que realmente no terminará hasta que estemos con el Príncipe de Paz. Tal como Dios nos asigna a cada uno de nosotros un ángel para guiarnos durante nuestra vida, el diablo también nos asigna un ángel maligno, para sacarnos del camino verdadero y llevarnos por el camino de la destrucción. Entonces, la verdadera batalla es por el control de nuestra mente. El que manda en nuestra mente, manda en nosotros.

Cuando el Espíritu Santo entra en nosotros, El empieza a edificar nuestras mentes, según le obedezcamos. Pablo nos dice en Romanos 12:1-2,

> *"Así que, hermanos, os ruego por las misericordias de Dios, que presentéis vuestros cuerpos en sacrificio vivo, santo, agradable a Dios, que es vuestro culto racional."*

La única manera para tener una mente renovada es a través del poder del Espíritu Santo dentro de nosotros. También tenemos que llevar cada pensamiento cautivo a la obediencia a Cristo. Tenemos que usar la Espada del Espíritu, que es la Palabra de Dios, y tomar control sobre nuestras mentes. Tenemos que recordar que la mayoría de nuestros problemas están en la mente. A veces, cuando pedimos algo a Dios, o le entregamos un problema, vacilamos en nuestra mente. Nuestra mente quiere volver a retomar el problema, y a veces pensamos que podemos darle una solución mejor y más rápida que Dios. No debemos vacilar, sino pedir en fe, porque *"el hombre de doble ánimo es inconstante en todos sus caminos,"* (Santiago 1:8). Debe entregarle su problema a Dios. *"Los que confían en Jehová son como el monte de Sion, que no se mueve, sino que permanece para siempre,"* (Salmo 125:1).

Una parte de tener una mente sana es tener cuidado de lo que invitamos a entrar en ella. A través de la imaginación, podemos permitir la entrada de demonios. Al imaginar o visualizar una persona de nuestro pasado caminando con nosotros, un espíritu familiar puede entrar, aun un espíritu familiar de un Jesús falso. He tenido que tratar este problema en mi ministerio, y ordenar salir de personas espíritus falsos de Jesús. Sencillamente eran espíritus familiares que decían que eran Jesús. Decían cosas como "Yo soy Jesús. Yo soy amor. Te amo. No me eches de ti." Entonces, yo decía "Tú, el que dices ser Jesús, te ordeno salir en el nombre de Jesucristo, el Hijo del Dios Viviente," e inmediatamente salían. La Palabra nos enseña que tenemos que probar los espíritus, para saber si son de Dios (1 Juan 4:1). Pablo nos dice que el diablo se disfraza como ángel de luz, (2 Corintios 11:14) para engañar a los santos de Dios. Todo esto pasa mayormente en la mente. Es posible que usted pregunte, "¿Cómo puedo saber lo que es real, y lo que no es?" El Espíritu Santo es real. El es el Espíritu de Verdad, y El le guiará a toda la verdad. La sencillez de Cristo es real.

¿Cómo podemos saber cuando es Dios quien nos habla? Todos quieren saber esto. Una vez, un hermano me llamó con un problema en su iglesia. Las personas estaban llegando con toda clase de "palabra" que decían el Señor les había dado. Le pregunté, "¿Sintió paz en su espíritu cuando escuchó cada mensaje? ¿Fue confirmado por dos o más testigos? ¿Estaba de acuerdo con las Escrituras? ¿Era una palabra de edificación, exhortación, o consuelo para el cuerpo de Cristo?" (1 Corintios 14:3). Le dije, "Prueba cada 'palabra' — el Espíritu Santo no se molesta si Le probamos."

Pablo le dijo a Timoteo que el Espíritu Santo crearía en él una mente sana, pero Dios a la vez nos da libre albedrío. El diablo sabe esto, entonces trata de capturar nuestra mente. Una mente sana, que ama la justicia de Dios, y odia el pecado y lo malo, como lo hace Dios, afectará el cuerpo en forma positiva. *"Porque las armas de nuestra milicia no son carnales, sino poderosas en Dios para la destrucción de fortalezas,"* (2 Corintios 10:4). ¿Cuáles fortalezas? Son las fortalezas de la mente, los pensamientos que vienen y toman control. Estos tienen que ser derribadas por el poder del Espíritu Santo.

Cuando recibí esa llamada que mi esposa, hija, y nieta estuvieron en ese terrible accidente, el diablo bombardeó mi mente con toda clase de pensamientos negativos como: "Ella va a morir ... si viven estarán desfiguradas... tu ministerio se ha acabado porque la esposa no estará contigo ... ¿Qué voy a hacer? ... ¿Dónde viviré? ..." El diablo me atormentó hasta que tomé control de mi mente, y dije "No, esto no va a terminar así. Tú no puedes quedar en mí, porque soy templo del Espíritu Santo, y el Espíritu Santo es Dios. El dirige mi mente y mi camino."

Familia, cuando el enemigo entra como río, levante bandera contra él. Cite la Palabra de Dios. Coja un versículo clave, y pelee contra el diablo con la Espada del Espíritu, que es la Palabra de Dios. Mi versículo favorito es Isaías 54:17, *"Ninguna arma forjada contra ti prosperará, y condenarás toda lengua que se levante contra ti en juicio. Esta es la herencia de los siervos de Jehová, y su salvación de Mí vendrá, dijo Jehová."*

Clame al Espíritu Santo para que le llene con Su perfecto amor, porque *"En el amor no hay temor, sino que el perfecto amor echa fuera el temor; porque el temor lleva en sí castigo,"* (1 Juan 4:18). Cuando el enemigo le ataca, recuerde quien es. Recuérdele al diablo quien es usted: Un hijo, una hija de Dios; y él no puede hacer esto con un hijo de Dios. Dígale, "Tú no puedes llenarme con todos esos pensamientos. No los permitiré seguir en mi mente un minuto más. Les ordeno a todos salir de mi mente, en el nombre de Jesús."

¿Se acabará la lucha para su mente? No, no mientras estemos en esta vida. El enemigo de su alma buscará atormentarle con sus espíritus, y usted recibirá el tormento si lo permite.

Siempre tenemos que recordar quiénes somos. Somos pecadores salvos por gracia. Dios nos amó tanto que El libremente nos dio de Su Espíritu. No nos dio Su Espíritu por ser algo especial (nuestras justicias son como trapos de inmundicia), sino porque El nos amó y nos vistió con Su justicia, Gloria a Dios. Después, recuérdese Quien es el Espíritu Santo. Háblele: "Tú eres Amor. Tú eres Gozo. Tú eres Paz. Tú eres Paciencia. Tú eres Benignidad. Tú eres Bondad. Tú eres Fe. Tú eres Mansedumbre. Tú eres Templanza. Tú eres todas estas cosas y mucho más."

Tenemos que hacer lo que Pablo nos dice en Filipenses 4:6-9,

> *"Por nada estéis afanosos, sino sean conocidas vuestras peticiones delante de Dios en toda oración y ruego, con acción de gracias. Y la paz de Dios, que sobrepasa todo entendimiento, guardará vuestros corazones y vuestros pensamientos en Cristo Jesús. Por lo demás, hermanos, todo lo que es verdadero, todo lo honesto, todo lo justo, todo lo puro, todo lo amable, todo lo que es de buen nombre; si hay virtud alguna, si algo digno de alabanza, en esto pensad."*

Capítulo 13

Ganar la batalla espiritual

*P*rimeramente, la manera de ganar la batalla espiritual es servir al Señor con todo el corazón. El mandamiento mayor es *"Amarás a Jehová tu Dios de todo tu corazón, y de toda tu alma, y con todas tus fuerzas,"* (Deuteronomio 6:5). Cuando uno verdaderamente obedece este mandamiento, ciertas leyes del Reino de Dios obran a su favor. Muchas veces, ni nos damos cuenta que Dios nos está ayudando. Sencillamente parece un proceso normal.

Hay que recordar que le pertenece a El. Usted es Su hijo (Gálatas 4:5) sea hombre o mujer (Gálatas 3:28). Usted pertenece a Su familia, y debe amar a su Padre con todo su cuerpo, alma, y espíritu, (1 Tesalonicenses 5:23). Cuando obedece esta ley, Dios se encargará de que todas las cosas le ayuden para bien (Romanos 8:28). De alguna manera, Dios solucionará cada problema. Aunque usted piensa que está en un hoyo, El le sacará y le dará vida. Del caos recibirá resurrección de vida.

> *"Y escribe al ángel de la iglesia en Laodicea: He aquí el Amén, el testigo fiel y verdadero, el principio de la creación de Dios, dice esto: Yo conozco tus obras, que ni eres frío ni caliente. ¡Ojalá fueses frío o caliente!"*   Apocalipsis 3:14-15

¿Cómo describe Dios a los de Laodicea? Eran tibios. Hay mucha gente tibia que va a la iglesia sólo porque piensa que es su deber del domingo o cuando hay reunión allí. Algunos piensan que es pecado si no asisten los domingos y festivos. Otros no se involucran en la vida de la iglesia, porque no entienden que la iglesia no es el edificio, sino que la iglesia es el pueblo de Dios. El involucrarse en la iglesia quiere decir tener una relación con la gente.

Algunos cristianos no quieren saber nada de la vida de otro, aun la del vecino de al lado. Piensan, "Haga lo suyo y yo haré lo mío; maneje sus negocios y yo manejaré los míos." Pero esto no es el ser cristiano; es el ser tibio.

Jesús nos dio el ejemplo de quién es nuestro prójimo en la parábola del buen samaritano. El sacerdote pasó de lado al hombre herido, el levita hizo de igual manera. Pero el samaritano, de raza despreciada por los judíos, era buen vecino porque demostró misericordia y compasión. Cuidó las heridas del extranjero, lo llevó al mesón, lo encargó al mesero, y prometió pagar todos sus gastos al regreso (Lucas 10:29-37). El buen samaritano no era tibio como los dos hombres que pasaron de lejos al herido.

> *"Pero por cuanto eres tibio, y no frío o caliente, te vomitaré de mi boca. Porque tú dices: Yo soy rico, y me he enriquecido, y de ninguna cosa tengo necesidad; y no sabes que tú eres un desventurado,*

> *miserable, pobre, ciego y desnudo."*
> Apocalipsis 3:16-17

Esto quiere decir que Dios nos escupirá de Su boca a causa de nuestra tibieza. Tenemos que ser vestidos de la justicia de Jesucristo, con el vestido de boda de la novia. Para ser vestidos así, tenemos que estar involucrados en la vida de la iglesia, en las necesidades de nuestros hermanos y hermanas en Su cuerpo. Cuándo no vemos la necesidad de nuestro hermano, el Señor nos dice, "¡Eres ciego!"

Hay personas que no saben que aunque se llaman cristianos, espiritualmente están desnudos. Quiere decir que no tienen la justicia de Jesús en sus corazones. No están vestidos con el vestido de bodas. ¿Qué es el remedio de Dios?

> *"Por cuanto, yo te aconsejo que de Mí compres oro refinado en fuego, para que seas rico, y vestiduras blancas para vestirte, y que no se descubra la vergüenza de tu desnudez; y unge tus ojos con colirio, para que veas."*
> Apocalipsis 3:18

Porque somos la novia de Cristo, tenemos que vestirnos y manejarnos como Su novia, haciendo lo que el Novio quiere en todo momento. Y cuando el Espíritu Santo unge nuestros ojos espirituales con colirio, veremos espiritualmente para discernir lo bueno y lo malo y hacer como hizo el buen samaritano.

Dios nos dice en Apocalipsis 3:19, *"Yo reprendo y castigo a todos los que amo; sé, pues, celoso, y arrepiéntete."* Esto es lo que tenemos que hacer. Tenemos que arrepentirnos de nuestra tibieza, de nuestra falta de testificar de Cristo y de no haber pasado más tiempo con el Señor y en Su Palabra.

> *"He aquí, yo estoy a la puerta y llamo; si alguno oye Mi voz y abre la puerta, entraré a él, y cenaré con él, y él conmigo. Al que venciere, le daré que se siente conmigo en Mi trono, así como Yo he vencido, y Me he sentado con Mi Padre en Su trono. El que tiene oído, oiga lo que el Espíritu dice a las iglesias."*

El énfasis de este mensaje es que tenemos que ser vencedores en la batalla. Todo empieza con el amar al Señor con todos nuestros corazones; el no ser tibio, sino avivados en el Señor, no un solo día de la semana, sino toda la semana. Esto no quiere decir el ser super-religioso, sino hacer lo que Pablo dijo a Timoteo:

> *"Que prediques la Palabra; que instes a tiempo y fuera de tiempo; redarguye, reprende, exhorta con toda paciencia y doctrina... pero tú sé sobrio en todo, soporta las aflicciones, haz obra de evangelista, cumple tu ministerio."*   2 Timoteo 4:2, 5

Así, ganará la batalla, y la gente verá a Jesús en usted.

Ahora, vamos a considerar algunos ejemplos de vencedores en la Biblia. Es de mucho provecho estudiar las vidas de Caleb y Josué. Ellos eran los únicos no incluidos en el juicio que Dios proclamó sobre los Israelitas cuando por temor e incredulidad, le desobedecieron en cuanto a la tierra prometida. Dios les había dicho en Números 13:2,

> *"Envía tú hombres a que reconozcan la tierra de Canaán, la cual yo doy a los hijos de Israel; de*

*cada tribu de sus padres enviaréis un varón, cada
uno príncipe entre ellos."*

Caleb y Josué estaban entre los líderes escogidos. Pero
ellos eran los únicos que después dijeron: *"Subamos luego, y tomemos posesión de ella."* Los otros diez espías
dijeron que los muros eran demasiado fuertes, los gigantes demasiado poderosos y que los de Israel eran como
langostas a los ojos de ellos, (Números 13:30-33). Por la
palabra negativa de los diez espías, Israel no obedeció al
Señor. Así, Dios dijo que los hombres de veinte años en
adelante no entrarían a la tierra prometida.

Caleb y Josué entraron porque confiaron en el Señor
con todo el corazón y no temieron a los gigantes. A causa de
su amor y fe, las leyes del Reino de Dios operaron a su favor.
Ellos recibieron la tierra prometida, y recibieron honor allí.
Sus vidas ilustran dos principios del Reino de Dios:

1. Uno nunca está derrotado a menos que lo esté en el
   alma: la voluntad, las emociones y los pensamientos.

2. Si uno sirve al Señor con todo el corazón, y a ningún
   otro dios, tendrá victoria perpetua e inmunidad del
   juicio de Dios.

Si usted permite que la soledad, la depresión, el desespero, la auto-conmiseración, el fatalismo, y otros pensamientos negativos entren en su mente (alma), está per-
diendo la batalla. Pero si sirve al Señor con todo su corazón y a ningún otro dios (que quiere decir los dioses de
este mundo como el leer el horóscopo, ver cosas inmun-
das en la televisión, etc.), sino que lee su Biblia, asiste a
la iglesia, testifica, y ora a diario, andará en victoria y
liberación de juicio. Esto también quiere decir que el dios
de este mundo no le podrá afligir.

Otro ejemplo es Samuel. Al leer 1 Samuel 7:1-13, vemos que a través de la intercesión y guía de Samuel, Dios dio a Saúl y David victoria sobre los filisteos. El versículo 13 dice:

"Así fueron sometidos los filisteos y no volvieron más a entrar en el territorio de Israel; y la mano de Jehová estuvo contra los filisteos todos los días de Samuel."

Entonces, recuerde estos dos principios: Nunca estará derrotado a menos que lo esté en su alma; y si sirve al Señor con todo el corazón, tendrá victoria siempre e inmunidad de juicio. Estos dos principios operaron en la vida de Samuel, y durante su vida, los Filisteos no volvieron a atacar a Israel.

Los filisteos como nación adoraron al dios falso Dagón. Podemos entender esto es un cuadro de guerra espiritual como la que tenemos hoy. Los filisteos representan demonios, Dagón representa el diablo. De los versículos 1 Samuel 7:1-13 podemos sacar los siguientes diez pasos para ganar la batalla espiritual.

Diez Pasos para Ganar la Batalla Espiritual

1. Arrepentimiento: *"Si de todo vuestro corazón os volvéis a Jehová"* (1 Samuel 7:3).

Primero se necesita un volver a Dios en arrepentimiento. Si ha estado lejos del Señor, si ha sido tibio, ¡arrepiéntase! Cuando Pedro dio su primer mensaje después del Pentecostés, la gente se compungió de corazón y preguntó, "¿Qué haremos?" Pedro contestó:

"Arrepentíos, y bautícense cada uno de vosotros en el nombre de Jesucristo para perdón de los

> *pecados; y recibiréis el don del Espíritu Santo.*
> *Porque para vosotros es la promesa, y para vues-*
> *tros hijos, y para todos los que están lejos; para*
> *cuantos el Señor nuestro Dios llamaré."*
>
> Hechos 2:38-39

Entonces, el arrepentimiento es muy importante. Tiene que decidir con su voluntad y corazón: Yo sí, rechazaré el pecado, oraré, leeré la Biblia, y me uniré a otros creyentes." Tiene que así utilizar su voluntad para poder tener ministerio alguno. Sabemos que nuestro destino final es el Cielo, Jesús ganó la batalla espiritual contra el diablo, y así podemos pelear la batalla contra los espíritus inmundos de este mundo.

2. Fruto de Arrepentimiento: *"Quitad los dioses aje-nos y a Astarot de entre vosotros,"* (1 Samuel 7:3).

Tiene que dar fruto de su arrepentimiento dando la espalda a las cosas de su antigua vida; dejar de leer el horóscopo, libros llenos de sexo, ver cines o videos que contienen pornografía. ¿Está listo a botar ese amuleto valioso de oro que un ser querido le dio?

Quiero compartir sobre una experiencia con un amuleto. Yo estaba ministrando en las Islas Vírgenes y un joven pasó adelante para recibir oración. Alrededor de la nuca tenía un cuerno torcido de oro. Se llama el cuerno o cacho italiano y se usa para proteger contra "el mal de ojo." También se ha usado para buscar fertilidad o buena suerte. Le dije al joven, "No puedo orar por usted mientras tiene ese amuleto, porque el diablo tiene derecho legal en la persona que usa su signo. ¿Lo quiere quitar?" Se lo quitó y lo mantuvo en la mano. Estaba al lado de una ventana que miraba hacia un puerto. Le dije,

"Hermano, ¿a cuál ama más, a Jesús o su amuleto, a Jesús o al diablo?" El pensó un momento y sentí la batalla en su mente. Al fin, tiró el amuleto por la ventana al agua. Le dije, "Hermano, la salvación ya ha venido a su corazón, y el Señor le dará el deseo de su corazón. ¿Qué es lo que quiere que Dios le dé?" El contestó que tenía una necesidad financiera. Minutos antes, había tirado un objeto de oro. Creo que Dios, sí, le dio lo que pidió. Familia, tenemos que abandonar los dioses de este mundo.

3. Renovar la mente: *"Preparad vuestro corazón a Jehová, y solo a Él servid,"* (1 Samuel 7:3).

El significado de este paso explica Pablo en Romanos 12:1-2:

> *"Así que, hermanos, os ruego por las misericordias de Dios, que presentéis vuestros cuerpos en sacrificio vivo, santo, agradable a Dios, que es vuestro culto racional. No os conforméis a este siglo, sino transformaos por medio de la renovación de vuestro entendimiento, para que comprobéis cuál sea la buena voluntad de Dios, agradable y perfecta."*

No es solamente cuestión de morir a la antigua naturaleza, sino que también necesitamos renovar nuestra mente. Tenemos que dejar de pensar como lo hacíamos antes, para poder servir al Señor. Esto no ocurre de la noche a la mañana. Es un proceso gradual de cambiar los hábitos de hablar y de hacer las cosas.

Conocí un hombre que tenía un vocabulario soez, y usaba mucho el nombre de Jesús en forma profana. Le saludé un día y le dije, "Me alegro tanto que conoce a mi amigo." El preguntó, "¿Cuál amigo?" Le contesté, "Mi amigo Jesús, que también es mi Señor y Salvador. Debe ser que Le conoce muy bien, porque siempre tiene Su nombre en su boca." Por supuesto, este hombre corrigió su forma de hablar desde ese día. ¡Alabado sea el Señor! Necesitamos pararnos firme y ser testimonio para el Señor Jesús. Esto también es una renovación de la mente y un abrir el corazón a Él.

4. Liberacion: *"Y os librará de la mano de los filisteos,"* (1 Samuel 7:3). Aquí Dios nos promete librarnos de la mano de los espíritus demoniacos. Una de mis citas favoritas es el Salmo 91:14-16:

> *"Por cuanto en Mí ha puesto su amor, Yo también lo libraré; le pondré en alto, por cuanto ha conocido Mi nombre. Me invocará, y Yo le responderé; con él estaré Yo en la angustia, lo libraré y le glorificaré. Lo saciaré de larga vida, y le mostraré Mi salvación."*

¡Qué hermosa promesa, verdad! Dios cumplirá Su Palabra. Si usted tiene un problema y ha orado, ayunado, ha hecho todo lo que está a su alcance para tener victoria, pero el problema persiste, busque liberación, especialmente si ha estado alguna vez en el ocultismo, la droga, el aborto, o la lujuria. Estas cosas pueden darle temor, depresión, tormento mental, y aun pensamientos de suicidio. Para ganar la batalla espiritual, necesita recibir liberación. El echar fuera demonios también es un mandamiento del Señor Jesús al creyente.

> *"Y yendo, predicad, diciendo: El reino de los cielos se ha acercado. Sanad enfermos, limpiad leprosos, resucitad muertos, echad fuera demonios; de gracia recibisteis, dad de gracia."*
>
> Mateo 10:7-8

Es un mandato del Señor Jesucristo. Jesús nunca hizo sugerencias, porque cada palabra que El habló era un mandato para obedecer. Él dijo en Marcos 16:17-18,

> *"Y estas señales seguirán a los que creen: En Mi nombre echarán fuera demonios; hablarán nuevas lenguas... sobre los enfermos pondrán sus manos, y sanarán."*

Observemos que la primera señal del creyente es el echar fuera demonios. Si usted es creyente y no está echando fuera demonios, algo pasa. La segunda señal es hablar en nuevas lenguas, que acompaña el bautismo en el Espíritu Santo, y otra señal es poner manos sobre los enfermos, que permite la sanidad como don del Espíritu Santo.

5. Obediencia: *"Entonces los hijos de Israel quitaron los baales y a Astarot, y sirvieron sólo a Jehová,"* (1 Samuel 7:4).

Ellos obedecieron el mandamiento de Samuel, y esto es lo que Dios pide de nosotros: obedecer explícitamente Su Palabra. Dibs dice en Jeremías 7:23,

> *"Mas esto les mandé, diciendo: Escuchad Mi voz, y seré a vosotros por Dios, y vosotros Me seréis por pueblo; y andad en todo camino que os mande, para que os vaya bien."*

6. Acuerdo y Compromiso: *"Y Samuel dijo: Reunid a todo Israel en Mizpa, y yo oraré por vosotros a Jehová. Y se reunieron en Mizpa, y sacaron agua y la derramaron delante de Jehová,"* (1 Samuel 7:5-6).

La gente se reunió en un solo lugar y estuvieron de acuerdo. Hermano, hermana, usted necesita saber donde puede pertenecer. Necesita téner una confirmación en su corazón de pertenecer a una familia específica, donde puede decirse, "Aquí es donde debo estar, y no iré a otra parte. Aquí adoraré, serviré al Señor, y alcanzaré mi potencial. Aquí es donde el pastor orará por mí, y podré orar por otros."

Dice que la gente sacó agua y que la derramó delante del Señor. Esto significa lágrimas de arrepentimiento. Cuando conocí al Señor, en un retiro en el Christian Retreat Camp en el Lago Fresas (Strawberry), del estado de Minnesota, EE.UU., en julio de 1967, Dios me despertó de un sueño profundo, y me mostró todos los pecados que yo había cometido. Lloré hasta que el piso estaba mojado con mis lágrimas. Yo saqué agua y la derramé delante del Señor.

7. Ayuno y Oracion: *"Y ayunaron aquel día, y dijeron allí: Contra Jehová hemos pecado. Y juzgó Samuel a los hijos de Israel en Mizpa,"* (1 Samuel 7:6).

A veces, tenemos que ayunar, en nuestra lucha contra el enemigo. Algunos demonios salen solo con ayuno y oración. En Marcos 9:17-29, cuando Jesús volvió del monte de la transfiguración con Pedro, Jacobo y Juan, encontró a los discípulos tratando de ministrar liberación a un niño epiléptico. Cuando Jesús habló al padre del muchacho sobre su fe, el hombre contestó, *"Creo; ayuda mi incredulidad."* Después, Jesús echó fuera el espíritu mudo y sordo, y el muchacho fue sanado.

Más tarde, los discípulos preguntaron a Jesús por qué no pudieron ellos echar fuera el demonio. El les contestó que ese género sólo salía con ayuno y oración. Entonces, familia, tenemos que estar listos para batallar espiritualmente por medio del ayuno y oración. Si usted tiene un problema que no puede vencer, es posible que debe orar y ayunar.

Algunos quieren que el pastor lo haga todo. Cuando las personas vienen para recibir liberación, les pido que se alisten por medio de la oración y el ayuno. Después, les digo que tienen que ser completamente honestos, cuando les pregunto sobre sus relaciones personales íntimas. Sobre todo, no deben señalar a su esposo o esposa. Como dice el himno, necesitan tener la actitud, "Soy yo, Señor, soy yo, que tiene necesidad de oración."

8. Guerra Espiritual: *"Cuando oyeron los filisteos que los hijos de Israel estaban reunidos en Mizpa, subieron los príncipes de los filisteos contra Israel; y al oír esto los hijos de Israel, tuvieron temor de los filisteos. Entonces dijeron los hijos de Israel a Samuel: No ceses de clamar por nosotros a Jehová nuestro Dios, para que nos guarde de la mano de los filisteos,"* (1 Samuel 7:7-8).

Cuando el diablo sabe que hay una campaña en acción contra él, envía su ejército a la batalla. Cuando mi esposa y yo estuvimos en Italia hace algunos años, ministramos a una niña tan llena de demonios que cayó al suelo, retorciéndose como una culebra. Cuando ordené salir de ella los demonios de hechicería y de serpientes, los espíritus hablaron y dijeron: "Marzullo, te hemos estado esperando, y no puedes ganar esta batalla. Tenemos una reunión de oración contra ti desde Sicilia hasta Milán."

Al principio, no pudimos sacar al hombre fuerte, porque no habíamos orado y ayunado por esa reunión. Sin embargo, al fin ella declaró a Jesucristo como su Señor y Salvador. Más tarde, supimos que sus padres estaban fuertemente involucrados en la hechicería. Los brujos, sí, oran y ayunan a su dios, y tienen reuniones de oración contra los cristianos.

Cuando los líderes de los filisteos supieron que los hijos de Israel se preparaban, empezaron a atacar. El diablo hace lo mismo. Por eso, cuando alguien sale a la obra misionera, especialmente si va a ministrar en el área de la liberación, es tan importante respaldarle con mucha oración y hacer batalla espiritual por medio de la intercesión.

Los hijos de Israel fueron a su pastor, Samuel, y dijeron, "Samuel, no deje de orar por nosotros." Yo hago lo mismo cuando voy a un viaje misionero. El pastor de mi iglesia me llama delante de la congregación y todos oran por mí. Algunos oran por mí todos los días. Cuando el diablo sabe que yo voy a salir a ministrar, quiere atacar, pero sé que mayor es El que está en mí que el que está en el mundo. Sé que soy más que vencedor por medio de Jesucristo que mora en mí (1 Juan 4:4, Romanos 8:37). Mi versículo favorito de guerra espiritual es Isaías 54:17:

> *"Ninguna arma forjada contra ti prosperará, y condenarás toda lengua que se levante contra ti en juicio. Esta es la herencia de los siervos de Jehová, y su salvación de Mí vendrá, dijo Jehová."*

9. Adoracion: *"Y Samuel tomó un cordero de leche y lo sacrificó entero en holocausto a Jehová; y clamó Samuel a Jehová por Israel, y Jehová le oyó,"* (1 Samuel 7:9).

¿Por qué oyó el Señor a Samuel? Porque Samuel era justo delante del Señor. A veces, sólo se necesita un solo hombre para que el Señor oiga y actúe. Santiago 5:16 dice "La oración eficaz del justo puede mucho." Samuel adoró a Dios, ofreciéndole un sacrificio.

Usted ofrece su cuerpo en sacrificio vivo al Señor cuando muere al yo. También le ofrece fruto de labios como sacrificio de alabanza a Dios (Hebreos 13:15), adorando al Señor, alabándole, arrodillándose delante de Él, postrándose rostro en tierra, reconociéndole como su Señor. La adoración y la alabanza al Señor son armas poderosas para pelear contra el enemigo. Eso vemos en el Salmo 149:5-9:

> *"Regocíjense los santos por Su gloria, y canten aun sobre sus camas. Exalten a Dios con sus gargantas, y espadas de dos filos en sus manos, para ejecutar venganza entre las naciones, y castigo entre los pueblos; para aprisionar a sus reyes con grillos, y a sus nobles con cadenas de hierro; para ejecutar en ellos el juicio decretado; gloria será esto para todos Sus santos."*

Los demonios odian las alabanzas que los santos ofrecen a Dios, y huyen.

10. Recordar que la batalla pertenece al Señor:
"Y aconteció que mientras Samuel sacrificaba el holocausto, los filisteos llegaron para pelear con los hijos de Israel. Mas Jehová tronó aquel día con gran estruendo sobre los filisteos, y los atemorizó, y fueron vencidos delante de Israel," (1 Samuel 7:10).

¿Qué es lo que pasó aquí? Hubo guerra en las regiones celestes. Mientras Dios obra allí, los hijos de Israel persiguieron a los filisteos, y los echó hasta abajo de Bet-car. ¿Cómo consiguió Israel su victoria? Empezó con oración y ayuno y a esto añadió la alabanza y la adoración.

Si no oramos, Dios no enviará Sus ángeles a batallar en las regiones celestes. Es verdad que la batalla es del Señor, pero El espera que nos unamos a El en esa batalla. Nos quiere utilizar para vencer al enemigo (Efesios 3:10). Los hijos de Israel se involucraron en la batalla y persiguieron al enemigo hasta vencerlo. Nosotros también tenemos que pelear contra el enemigo hasta conseguir la victoria final. Tenemos que echar fuera demonios en Su Nombre.

> *"Tomó luego Samuel una piedra y la puso entre Mizpa y Sen, y le puso por nombre Eben-ezer, diciendo: Hasta aquí nos ayudó Jehová."*
> 1 Samuel 7:12

Eben-ezer quiere decir "piedra de ayuda." ¿Puede usted recordar quien es la roca de ayuda? Jesús es nuestra Roca. El es nuestro Ayudador, el único mediador entre Dios y el hombre. El es nuestro Amigo en tiempo de necesidad.

> *"Así fueron sometidos los filisteos, y no volvieron más a entrar en el territorio de Israel; y la mano de Jehová estuvo contra los filisteos todos los días de Samuel."* 1 Samuel 7:13

¿Cómo se consiguió esta victoria? Es que Samuel era un hombre recto, también sabía pelear la batalla espiritual y la oración eficaz del justo puede mucho. Gálatas 5:16 nos dice que si andamos en el Espíritu, no satisfaremos los deseos de la carne. Recuerde los dos principios: nunca estarán derrotados a menos que lo esté en el alma, y si sirve al Señor con todo su corazón, y a ningún

otro dios, tendrá victoria perpetua e inmunidad del juicio de Dios.

Capítulo 14

Unas palabras finales

C uando era niño e iba a la iglesia, una de las prime-
ras preguntas que nos hacían allí era: ¿Por qué te
hizo Dios? La respuesta esperada era: "Dios me hizo para
conocerle, para amarle, y para servirle." Al llegar a grande y leer la Biblia, cuál fue mi sorpresa el encontrar de
nuevo los tres propósitos de Dios. Las palabras son un
poco diferentes, pero el sentido es el mismo:

> *"Ahora, pues, Israel, qué pide Jehová tu Dios de
> ti, sino que temas a Jehová tu Dios, que andes en
> todos Sus caminos, y que lo ames, y sirvas a
> Jehová tu Dios con todo tu corazón y con toda tu
> alma."* Deuteronomio 10:12

Le puedo conocer por medio de leer Su palabra, por
hablar con El, y escuchar Su voz. Le puedo mostrar mi
amor hacia El, al obedecer Sus mandamientos y lo que
dice Su Palabra. Puedo servirle si averiguo lo que El
quiere que haga con mi vida y alcanzo mi potencial.

Jesús dijo que debemos seguirle y hacer lo que El hizo
aquí en la tierra. ¿Qué hizo Jesús? El predicaba las buenas
nuevas sobre el Reino de Dios, El sanaba a los enfermos,

y echaba fuera los demonios. El dijo en Juan 14:12, *"El que en Mí cree, las obras que Yo hago, él las hará también; y aun mayores hará."*

Recuerda que nuestro Dios es un Dios misericordioso, sanador, y perdonador. El es tardo para la ira. No nos ha tratado conforme a nuestros pecados. Siempre nos da la oportunidad para arrepentirnos y volver a El. Quiere que le reconozcamos, que le adoremos, que le obedezcamos, y que le amemos. El es Dios, el Señor que nos sana, libera, y protege.

Primero, el Padre quiere sanar nuestras almas. Esto ocurre cuando aceptamos a Su Hijo Jesucristo, como nuestro Señor y Salvador. Entonces, si usted nunca ha invitado al Señor Jesucristo a entrar en su corazón, ahora es la oportunidad para recibir la más grande sanidad que nuestro Padre Dios puede ofrecer. Aquí son los pasos a seguir:

1. Darse a sí mismo a Jesucristo:

> *"Encomienda al Señor tu camino, y confía en él; y él hará."*   Salmo 37:5

> *"Porque de tal manera amó Dios al mundo, que ha dado a Su Hijo unigénito, para que todo aquel que en él cree, no se pierda, mas tenga vida eterna."*   Juan 3:16

2. Recibir el poder de Dios para llegar a ser su hijo

> *"Mas a todos los que le recibieron, a los que creen en su nombre, les dio potestad de ser hechos hijos de Dios."*   Juan 1:12

3. Confesar a Jesucristo como su Señor y Salvador

> *"Si confesares con tu boca que Jesús es el Se-*
> *ñor, y creyeres en tu corazón que Dios le levantó*
> *de los muertos, serás salvo. Porque con el cora-*
> *zón se cree para justicia, pero con la boca se*
> *confiesa para salvación."*   Romanos 10:9,10

> *"A cualquiera, pues, que Me confiese delante de*
> *los hombres, Yo también le confesaré delante de*
> *Mi Padre que está en los cielos. Y a cualquiera*
> *que me niegue delante de los hombres, Yo tam-*
> *bién le negaré delante de Mi Padre que está en*
> *los cielos."*   Mateo 10:32,33

Es muy importante confesar públicamente que Jesucristo es su Señor y Salvador. Si repite la oración que sigue, y le ora con todo el corazón, entonces será salvo: coheredero con Cristo al trono del cielo, y hermano(a) de Nuestro Señor Jesucristo.

"Señor Jesús, confieso que Tú eres el Hijo del Dios viviente, y que Tú moriste en la cruz por mis pecados. Te pido que me perdones. Creo que Tú resucitaste de los muertos el tercer día. Gracias por perdonarme, justificarme, y limpiarme, con Tu preciosa sangre. Te pido que entres en mi corazón, y que tomes todo el control de mi vida. Quiero obedecerte. Ayúdame a seguirte desde ahora en adelante. Te lo pido en Tu precioso nombre, Señor Jesús. Amén."

Apéndice I

El espíritu de la novia de Satanás

C omo hemos visto en los capítulos anteriores, Satanás es el gran engañador, e imitador. El cayó porque quería ser igual a Dios (Isaías 14:12-15). El engañó a la tercera parte de los ángeles, para que se rebelaran juntamente con él, (Apocalipsis 12:3-4). Como Dios tiene Su Reino y Sus ángeles en orden divino, Satanás imita este Reino, y también su ejército, bajo su control (Efesios 6:12).

Satanás, como una persona que falsifica billetes de dinero, trata de hacer sus imitaciones tan exactas como sea posible. Aunque jamás podrá duplicar la gloria y la naturaleza de Dios, continuamente intenta hacerlo.

En nuestra obra de ministrar liberación, hemos descubierto un espíritu que el diablo ha puesto para tratar de imitar la Novia de Cristo. Este espíritu se llama la novia de Satanás.

La mayoría de los creyentes ignoran la existencia de este espíritu, y esta falta de conocimiento ha conducido a mucha confusión y sufrimiento. Lo siguiente describe una de las manifestaciones de este espíritu, según nos explicó una exbruja. Me dijo que en Halloween, las brujas tienen una ceremonia, y escogen a una bruja para ser la novia de Satanás durante un año. Ella comete toda clase de perversión, sexo depravado, y fornicación con Satanás. Ella también tiene que sacrificar a niños y tomar sangre. El, a su vez le da juventud, hermosura, grande conocimiento y todo lo que ella desea.

Liberación

Hace poco, encontré el espíritu de la novia de Satanás cuando estaba ministrando a una señorita. El pastor de una iglesia de habla hispana me había llamado, sobre todo porque los médicos acababan de declarar que su hija sufría de esquizofrenia. El hermano y el tío de la joven se reunieron con nosotros en un salón al lado del santuario.

Tan pronto como me vio, la joven trató de correr del salón. Cuando ordené que fuera atado el hombre fuerte en ella, gritó, "Soy la novia de Satanás." A la vez, su hermano y su tío estaban impidiendo que ella saliera.

El espíritu en ella era muy fuerte, y rehusó salir porque ella quería ser la novia de Satanás. Necesitaba que se involucrara su voluntad para ser libre. Le dije, "Satanás va a quemarse en las llamas del infierno, y llevará su novia con él. Usted quiere quemarse en las llamas del infierno para siempre?" Seguí repitiendo, "¿Quiere usted quemarse en el infierno? ¿Quiere quemarse en el infierno?" Por fin, ella gritó, "¡No!".

Entonces, pedí que ella repitiera después de mí, "Ordeno salir de mí el espíritu de la novia de Satanás, y todos los espíritus conectados con él, y todo espíritu afín, en el nombre de Jesús, el Hijo del Dios viviente."

Con esto, ella tomó aire, y tosiendo, se echaron fuera

todos estos espíritus. Después, pude echar fuera los espíritus de esquizofrenia, de doble ánimo, confusión, olvido, ataduras mentales, y los demás espíritus afines, en el nombre de Jesús.

Le pregunté si había hecho pacto con Satanás en algún momento, para ser novia de Satanás, y ella dijo, "No, no sé cómo entró en mí." Dijo que nunca había hecho ningún pacto verbal con Satanás en ningún momento.

Después, le pregunté si había jugado alguna vez con la tabla ouija, leído el horóscopo, o si se había involucrado en alguna clase de ocultismo. Confesó que de adolescente, había probado todas estas cosas, pero que los había renunciado hacía tiempo. Le dije que el renunciar no era suficiente; era necesario echar fuera los espíritus malignos en el nombre de Jesús.

Después de la reunión esa noche, pregunté al Señor, "¿Cómo entró el espíritu de la novia de Satanás en esa señorita?" El Señor me explicó que cuando aceptamos a Jesucristo como Señor y Salvador, llegamos a ser parte de la Novia de Cristo. Es un hecho que nosotros sabemos. Pero cuando alguien, sea hombre, mujer, o niño, juega con la tabla ouija, lee el horóscopo, se involucra en el hipnotismo, u otra práctica de ocultismo, ha entrado en el terreno de Satanás. Muchas veces, este espíritu llega a ser el hombre fuerte que rige en su vida.

Uno debe renunciar todas estas prácticas de ocultismo y a los espíritus que las gobiernan. Pero si nunca se han echado fuera, pueden estar allí todavía. El renunciar y el echar fuera son dos cosas distintas. Jesús echó fuera los espíritus malos, y nosotros tenemos que hacer lo mismo.

Es verdad que hemos sido librados de la potestad de las tinieblas, y trasladado al Reino del amado Hijo de Dios, el Señor Jesucristo, en Quien tenemos redención por Su sangre y perdón de pecados (Colosenses 1:13-14). Sin embargo, ¿cuántos de nosotros que somos bautizados, llenos del Espíritu Santo, y santos de Dios, hemos descubierto que todavía necesitamos recibir liberación?

A veces necesitamos recibir liberación de temor, soledad, depresión, o aún posiblemente del espíritu de la novia de Satanás, que puede estar escondido. Si uno trata de echar fuera un espíritu que no está allí, ¿qué puede pasar? Nada, ningún daño se ha hecho.

La trampa del ocultismo

Desde esa experiencia, he encontrado el espíritu de la novia de Satanás en muchos otros casos. En cada caso, las personas habían tenido contacto con el ocultismo en alguna forma en el pasado.

Mi esposa y yo ministrábamos con frecuencia por teléfono. Un día recibí una llamada de una señora desde otro estado. Ella dijo que había leído mi libro "Manual para Ministrar Liberación" y había seguido las sugerencias dadas allí, pero que todavía no sentía paz. Antes, había practicado la adivinación y leído horóscopos. Recibió liberación muchas veces después, pero no pudo ser liberada de la depresión. Le pedí que repitiera la siguiente oración:

"Rompo cada pacto que he hecho con Satanás y sus demonios, en forma consciente o inconsciente, y rompo todo pacto hecho a mi favor de parte de otra persona. Ahora, ordeno que salgan de mí los espíritus de este pacto, y el espíritu de la novia de Satanás, en el nombre de Jesús."

Después, le pedí respirar fuertemente, y toser, echando fuera los espíritus en el nombre de Jesús. Ella lo hizo, y quedó libre. Después, pidió al Espíritu Santo entrar en ella y tomar el lugar donde estaban los espíritus malos.

Cada vez que una persona recibe liberación de espíritus malignos, debe pedir que el Espíritu Santo entre y tome el lugar donde estaban éstos.

Victoria sobre la lujuria

En otra ocasión, un hombre me llamó y dijo que había recibido liberación de hábitos de lujuria, pero que no podía mantener la victoria. Le pregunté si alguna vez había practicado alguna forma de ocultismo. El dijo que sí. Entonces, en el nombre de Jesús, ordené salir de él los espíritus de ocultismo y el espíritu de la novia de Satanás, que le mantenía encadenado a la práctica de lujuria. El recibió una tremenda liberación.

Un joven que había estado fuertemente involucrado en el ocultismo, me confesó que tenía una foto grande de Marilyn Monroe en su pieza. Había prendido velas a su imagen y la adoraba. El se imaginaba en la cama con ella haciendo el sexo mientras el se masturbaba. Después, un espíritu familiar tomó la forma de Marilyn Monroe y venía de noche para practicar sexo con él. El sintió que se estaba volviendo loco (para más información sobre esto, ver mi libro *"Victoria sobre espíritus malignos,"* el capítulo sobre los espíritus de incubo y sucubo).

El nos llamó para recibir liberación, y Gloria a Dios, fue liberado de los espíritus malos, incluyendo el espíritu de la novia de Satanás.

Este espíritu puede tomar muchas formas diferentes, y afectar a las personas de muchas maneras. Hemos oído de hombres y mujeres que fueron dedicados a Satanás desde niños o aun en algunos casos, de bebés. Las personas que han adorado abiertamente a Satanás definitivamente tienen que recibir liberación del espíritu de la novia de Satanás. Jesús dijo que o estamos con El o estamos contra El. Si uno ha estado contra Jesús, ha abierto la puerta para la entrada de ese espíritu.

El movimiento de la Nueva Era

La herramienta de Satanás más nueva es el movimiento de la Nueva Era. Creo que el espíritu de la novia de Satanás es una fuerza principal en este movimiento. En realidad, la "Nueva Era" es solamente *el antiguo hinduismo* recalentado. Enseña la reencarnación, el canalizar, la evolución, misticismo oriental, humanismo, un gobierno mundial y futurismo.

El "canalizar" es el proceso bajo el cual la persona es tomada por un espíritu guía. La visualización usada por los de la Nueva Era quiere decir, "Lo que la mente puede pensar, la mente puede conseguir. La idea de un gobierno mundial (globalismo) expresa que somos todos de una familia mundial. El futurismo quiere decir, "Olvida el pasado, tu mundo empieza desde ya."

Los de la Nueva Era muchas veces llevan cristales como una clase de amuleto que supuestamente da poder pero en realidad, abre la puerta para la entrada de un espíritu guía (demonio) para dar conocimiento a la persona.

Familia, me parece que sería sabio que cada creyente eche fuera el espíritu de la novia de Satanás, en el nombre de Jesús, si alguna vez estuvo involucrado en cualquier forma de ocultismo. Después, pida que el Espíritu Santo entre a llenar el lugar donde estaba.

Apéndice II

El espíritu de Kundalini

*D*e la manera que hemos visto que muy pocos creyentes saben de la existencia del espíritu de la novia de Satanás, también es cierto que pocos saben de otro espíritu principal en el reino de Satanás, que es el espíritu de Kundalini. Una persona que practica el ejercicio de yoga, Swami Vishnudevananda, ha escrito The Complete Illustrated Book of Yoga (El Libro Completo y Ilustrado de Yoga), y declara: "El poder supremo de la naturaleza es una serpiente enrollada a la base de la espina dorsal." Ella enseña que es la diosa Shakti, quien los hindúes creen es dadora de la inmortalidad y felicidad eternal. Pero Shakti sólo puede hacerlo a través de la unión con Shiva, su consorte. (Shiva es parte de la trinidad hindú: Brahma, Vishnu, y Shiva). Swami enseña que Shiva vive en el centro de la frente entre las cejas. Esto también se conoce como "el tercer ojo."

Según Swami, el propósito del yoga es levantar los poderes de la serpiente de Shakti (también llamada Kundalini) para que suba a través del "sushumma," un canal hueco que supuestamente se encuentra en la espina dorsal. En este subir, Shakti pasa por seis "chakras", o centros de energía espiritual. La séptima "chakra", su meta, es Shiva. Una vez que Shakti se une con Shiva, se ha conseguido "yoga".

Swami dice que la última meta es unión permanente para llegar a ser un alma liberada, y sin límite de tiempo y espacio, o sea, uno con "Dios". La persona que llega a esta meta entonces ya poseerá todo poder, habilidades psíquicas, y perfección total. Muchos han sido convencidos por estas doctrinas engañosas de Satanás, y han llegado a ser discípulos de Swami Vishnudenvananda y otros swamis de la India y también discípulos de yoguistas occidentales.

El enemigo Satanás, exitosamente ya ha logrado que el yoga en todas sus formas, incluyendo yoga de Kundalini, haya entrado en colegios, instituciones, y aun en iglesias cristianas que la llaman "yoga cristiana". Demasiadas personas en el pueblo de Dios no se dan cuenta que pudieron abrir una puerta para la entrada de espíritus malignos, aun de Kundalini, por estas actividades. Gracias a Dios que algunos lleguen a saber la verdad, y reciben liberación.

El hermano Mike Shreve, en un testimonio en la revista de la Asociación de Hombres de Negocios del Evangelio Pleno, dice "Llegué a ser estudiante de Yoga Bhajan. También me involucré en su secta particular de yoga Kundalini. Promovió la idea que hay una energía enrollada a la base de la espina dorsal, llamada poder de la serpiente. Más tarde, me pareció extraño que no entendí el simbolismo negativo satánico en todo esto." Eventualmente, Mike Shreve fue liberado de los espíritus de Yoga Kundalini, Gloria a Dios.

Apéndice III

Victoria sobre los espíritus de serpientes y escorpiones

*E*n Lucas 10:19, Jesús nos dio autoridad sobre espíritus de serpientes:

> *"He aquí os doy potestad de hollar serpientes y escorpiones, y sobre toda fuerza del enemigo, y nada os dañará."*

Aquí Jesús menciona dos categorías de espíritus malos: serpientes y escorpiones. Sabemos que Satanás aparece en Génesis capítulo tres como la serpiente que tentó a Adán y Eva para que pecaran y tendrían que salir del huerto de Edén. También en todo el libro de Apocalipsis, se refiere a Satanás como la serpiente (ver Apocalipsis 20:2)

En este tiempo, creo que Satanás ha comisionado a espíritus de la serpiente (Kundalini) y espíritus de escorpiones para seducir, atormentar y capturar a las almas a través del yoga y otras formas de ocultismo como la hechicería y la adoración al diablo.

Una vez mi esposa y yo estuvimos ministrando a un grupo de oración en Italia. Era el día anterior a nuestro regreso a los Estados Unidos, y mientras oraba por una joven, de repente cayó al suelo y empezó a retorcerse como una culebra. Una voz salió de ella y dijo, "Marzullo, no puedes vencer. Han orado en tu contra desde Sicilia hasta Milán." Posteriormente supe que su mamá, su papá, y toda su familia estaba involucrada en la hechicería. Ella me había buscado porque quería salir de su esclavitud.

Después de una larga batalla con los demonios que la poseían, al fin aceptó a Jesucristo como su Señor y Salvador. Gloria a Dios, fue salva.

Desde entonces, discernimos y echamos fuera muchos espíritus de serpientes de las personas con enfermedades como dolor de espalda, dolor de estómago, y dolor de cabeza. Después de ordenar salir estos espíritus, nuestras oraciones por sanidad tuvieron respuesta.

Otro espíritu que Jesús menciona en Lucas 10:19 es el espíritu de escorpión. Este es un espíritu que atormenta y muchas veces es también destructivo. Recordamos que Jesús dijo en Juan 10:10, "El ladrón no viene sino para hurtar y matar y destruir; Yo he venido para que tengan vida, y para que la tengan en abundancia." De modo que tenemos siempre que mantener en mente el objetivo de Satanás: robar su paz, su salud, y sus bienes. El tratará de destruir sus relaciones personales con otros; sus planes, su reputación y matarle de alguna manera.

Muchas veces los espíritus de escorpiones se encuentran cuando también hay espíritus de la novia de Satanás, de hechicerías, o de Kundalini. Apocalipsis 9:7-11 habla de una clase de espíritu de escorpión:

> *"El aspecto de las langostas era semejante a caballos preparados para la guerra; en las cabezas tenían como coronas de oro; sus caras eran como caras humanas; tenían cabello como cabello de mujer; sus dientes eran como de leones; tenían corazas como corazas de hierro; el ruido de sus alas era como el estruendo de muchos carros de caballos corriendo a la batalla; tenían colas como de escorpiones, y también aguijones; y en sus colas tenían poder para dañar a los hombres durante cinco meses. Y tienen por rey sobre ellos al ángel del abismo, cuyo nombre en hebreo es Abadón, y en griego, Apolión."*

Los nombres Abadón o Apolión significan destrucción. Ahora, la destrucción puede ocurrir en la forma de depresión y soledad, que lleva al suicidio o alguna enfermedad que conduce a la muerte. Cuando una persona está siendo atormentada o destruido por demonios, muchas veces he visto la necesidad de ordenar salir todos los demonios bajo el control de Abadón o Apolión.

El temor es otro tipo de demonio de tormento y de destrucción, (1 Juan 4:18). El temor es un arma muy potente que Satanás usa para hacer que una persona no llegue a su potencial en el Reino de Dios. 1 Timoteo 1:7 declara que Dios no nos ha dado un espíritu de temor, sino de poder, de amor, y de dominio propio (una mente sana).

Cuando veo una persona dominada por debilidad, falta de poder espiritual, timidez, inseguridad, rechazo, auto-odio, confusión, o desorden mental, sé que los espíritus de temor y de Apolión están allí, causando todo eso. Y tendrán que salir en el Nombre de Jesús.

A veces encuentro que algunos de estos espíritus entran por la línea de sangre y van de generación en generación, con más fuerza y mayor número. Por ejemplo, ministré a una abuelita en Cali, Colombia, echando fuera los espíritus de Apolión, tormento, temor y hechicería. Después, ministré a las hijas de ella, y tuve un tiempo bastante difícil con casi los mismos espíritus. Al final, cuando traté de ministrar a una nieta, la manifestación fue terrible. Se violentó, retorciéndose en el piso como una culebra. Era una batalla, pero al fin logré que ella dijera, "Jesús, ayúdame." Así empezamos a vislumbrar la victoria, y al usar ella su voluntad, por fin pude echar fuera todos esos espíritus malos. ¡Gloria a Dios!

Espíritus de Indígenas

Una vez en Inglaterra, ministré a la esposa de un pastor, que tenía sangre indígena. Me confesó que tenía un problema muy perturbador. Dijo, "Amo muchísimo a mi esposo, pero hay veces que algo trata de controlarme y no puedo parar los pensamientos malos que entran en mi mente. Estos pensamientos me dicen que busque un cuchillo grande y corte a mi esposo en pedazos mientras duerme."

Le pregunté sobre sus antepasados, y me dijo que tenía algo de sangre de la tribu indígena de los Iroquois. En la historia de los Estados Unidos, los Iroquois eran muy feroces. Odiaban a los blancos y tenían la costumbre de torturar y mutilar toda persona blanca que lograban capturar. Entonces, ordené salir de esa señora todos los espíritus indígenas de Iroquois que odiaban a los "blancos" y querían matar y cortar sus cuerpos. Con grandes manifestaciones de trasbocar y toser, los espíritus salieron. ¡Gloria a Dios, ella recibió la paz del Señor, y Apolión perdió otra batalla!

Recuerde, que el diablo solo viene para matar, robar, y destruir, PERO JESUS ... ¿ino es maravilloso que tenemos este "Pero Jesús" que nos ha dado la autoridad de hollar todos estos espíritus de serpientes y escorpiones!?

En mi libro *"Manual de liberación para obreros cristianos,"* comparto cómo los espíritus malignos pueden vivir en varias partes del cuerpo, especialmente en las personas que han estado involucradas en el ocultismo. Los espíritus de hechicería muchas veces se concentran en los órganos sexuales. Una vez, después de un culto de liberación que celebramos en una iglesia en Nueva York, una señorita quería comentarme un problema. Ella necesitaba encontrar trabajo, pero cada vez que iba en busca de empleo, los hombres querían tener relaciones con ella. Ella confesó que antes de recibir a Cristo había sido una bailarina "Go-go," y que también había tenido un hijo fuera del matrimonio. A través de una palabra de conocimiento, el Espíritu Santo me dijo que ella tenía un nido de espíritus de hechicería en sus órganos reproductivos. Cuando le ordené a ella decir: "En el Nombre de Jesús, mando que los espíritus de hechicería se separen los unos de los otros y salgan," ella se dobló en la mitad y no podía hablar.

Los espíritus no le estaban permitiendo hablar. Se agarraban para mantener su fuerza y seguridad. Estos espíritus habían usado sus órganos sexuales para su placer maligno y para mantenerla atada a la lujuria. Trataban de destruir su vida. Después de una lucha con las manifestaciones de tos, trasboco, y ahogo, los espíritus malos salieron. Apolión no estaba más en control.

Los dardos de Fuego del Enemigo

Cuando ministramos liberación, tenemos que ser sensibles a la voz del Espíritu Santo. El Espíritu Santo a veces me ha dirigido agarrar y sacar dardos de fuego y agujas espirituales de vudú de las personas. En varias ocasiones, El me ha mostrado un pulpo apretando la cabeza de la persona, y un espíritu de serpiente agarrando el cuerpo de la persona, causándole mucho dolor, dolor que los médicos no podrían explicar. Después de echar fuera estos espíritus y después de orar por sanidad, los dolores han desaparecido.

¡Gracias a Dios por estos dones grandes, que hemos recibido por el poder del Espíritu Santo y en el precioso nombre de Jesús! Es un honor grande y un privilegio trabajar en el nombre de Jesús, sabiendo que Su sangre derramada ganó la victoria por nosotros. Amén.

Estimado Lector:

Si quiere aprender más sobre los temas y experiencias mencionadas en este libro, recomiendo que lea otros de mis libros:

> *"Llaves para ministrar Liberación y Sanidad"*
> *"Manual de Liberación para Obreros Cristianos"*
> *"Victoria Sobre los Espíritus Malignos"*

Estos libros se consiguen en su librería Cristiana más cerca.

> *Muchas Gracias.*

> *Frank Marzullo*